AMOR PERFEITO
RELACIONAMENTOS IMPERFEITOS

John Welwood

AMOR PERFEITO
RELACIONAMENTOS IMPERFEITOS

Curando a Mágoa do Coração

São Paulo
2010

© 2006 by John Welwood by arrangement with Shambhala Publications, Inc., 300 Massachusetts Ave., Boston, MA 02115, U.S.A.

1ª EDIÇÃO, EDITORA GAIA, SÃO PAULO 2010

Diretor-Editorial
JEFFERSON L. ALVES

Diretor de Marketing
RICHARD A. ALVES

Seleção e Assistência Editorial
BEL CESAR

Gerente de Produção
FLÁVIO SAMUEL

Coordenadora-Editorial
DIDA BESSANA

Assistente-Editorial
JOÃO REYNALDO DE PAIVA

Tradução
MAGDA LOPES

Preparação de Texto
LUCIANA CHAGAS

Revisão
ANA CAROLINA G. RIBEIRO / TATIANA Y. TANAKA

Fotos de Capa
STRAYMUSE/SXC.HU

Capa
REVERSON R. DINIZ

Projeto Gráfico e Editoração Eletrônica
NEILI DAL ROVERE

Dados Internacionais de Catalogação na Publicação (CIP)
(Câmara Brasileira do Livro, SP, Brasil)

Welwood, John, 1943- .
  Amor perfeito relacionamentos imperfeitos : curando a mágoa do coração / John Welwood ; tradução de Magda Lopes. – São Paulo : Gaia, 2010.

  Título original : Perfect love, imperfect relationships : healing the wound.
  ISBN 978-85-7555-240-7

  1. Amor. 2. Felicidades. 3. Homem – Mulher – Relacionamento. 4. Relações interpessoais. I. Título.

10-06849   CDD-158.2

Índices para catálogo sistemático:
1. Amor : Relações interpessoais : Psicologia aplicada   158.2

Direitos Reservados

Editora Gaia Ltda.
(pertence ao grupo Global Editora e Distribuidora Ltda.)
Rua Pirapitingui, 111-A – Liberdade
CEP 01508-020 – São Paulo – SP
Tel.: (11) 3277-7999 – Fax: (11) 3277-8141
e-mail: gaia@editoragaia.com.br
www.editoragaia.com.br

Obra atualizada conforme o
Novo Acordo Ortográfico da Língua Portuguesa

Colabore com a produção científica e cultural.
Proibida a reprodução total ou parcial desta obra sem a autorização do editor.

Nº de Catálogo: **3144**

Este livro é dedicado à paz no mundo.
Que todos os seres possam saber que são amados —
para que possam viver em paz
consigo mesmos e com todos os outros.

Salte sobre seus pés, agite seus punhos,
Advirta e previna todo o universo
Que o seu coração não pode mais viver
Sem o verdadeiro amor!
HAFIZ

SUMÁRIO

Introdução   9

Prólogo: Sentindo-se Abrigado no Amor   28

1. Amor Perfeito, Relacionamentos Imperfeitos   36

2. O Clima de Ressentimento   58

3. Renunciando ao Ressentimento   74

4. Do Auto-ódio ao Autoamor   92

5. Desejo Sagrado   113

6. O Amor que o Liberta   129

Epílogo: Quem o Está Abrigando?   148

Exercícios   155

Agradecimentos   171

Notas   172

INTRODUÇÃO

Uma noite repleta de conversas que magoam,
Meus piores segredos ocultados:
Tudo tem a ver com amar e não amar.
RUMI

As palavras "Eu te amo", ditas em momentos de genuína apreciação, admiração ou carinho, surgem de algo perfeitamente puro dentro de nós – a capacidade de nos abrirmos e dizermos *sim* sem reservas. Esses momentos de pura franqueza nos aproximam da perfeição natural o máximo que podemos nesta vida. O caloroso e radiante *sim* do coração é perfeito, como o sol ao dar vida a todas as coisas e nutrir tudo o que é realmente humano.

Entretanto, por mais estranho que pareça, mesmo que possamos ter vislumbres de um amor puro e brilhante habitando o coração humano, é difícil encontrá-lo totalmente incorporado no mundo que nos cerca, especialmente onde ele mais importa – em nossos relacionamentos com as outras pessoas. Na verdade, para muitos atualmente, arriscar-se em um relacionamento amoroso tornou-se uma proposição ameaçadora, uma receita quase certa para um sofrimento avassalador ou para a devastação emocional. Analise superficialmente nossa cultura enlouquecida por sexo e romance e você encontrará uma sensação de desilusão em muitas pessoas, as quais sentem, como diz uma canção popular, que o "amor fede". Ou, como expressou uma jovem em um de meus *workshops*: "Se o amor é tão maravilhoso, por que os relacionamentos são tão impossíveis? Não me diga que eu preciso abrir mais meu coração. Meu coração já está aberto demais e não quero continuar a ser magoada.".

Então, bem ao lado da realidade da perfeição do amor situa-se outra realidade mais difícil – a rede imperfeita e intrincada do relacionamento humano que, onde quer que olhemos, dá origem a enormes frustrações, sofrimento e raiva. Em um minuto você está em contato com o amor em seu coração – você se sente afável, carinhoso e conectado. E, no minuto seguinte, antes mesmo que perceba, você e a pessoa que ama se envolvem em um conflito ou desentendimento que os leva a se fecharem ou a se comportarem de maneira cruel.

Assim, mesmo quando nosso amor é genuíno e real, algo com frequência parece impedir sua expressão plena e perfeita nos relacionamentos. "Eu te amo, mas não posso viver com você" é a declaração clássica dessa dolorosa lacuna entre o amor puro que há em nosso coração e os relacionamentos difíceis que vivenciamos. Essa disparidade constitui um enigma enlouquecedor, que cada um de nós precisa resolver se não quiser "ser dilacerado", como sugeriu D. H. Lawrence.

Esse enigma aparece de muitas maneiras. Ainda que o amor continuamente se renove, a maioria de nós anda por aí se sentindo impedida de alcançá-lo, como se estivéssemos faminto em uma terra de fartura. E embora o amor possa proporcionar enorme alegria, nossa vida amorosa frequentemente é fonte de nosso maior sofrimento. Mesmo que não haja nada tão simples e óbvio como a ternura do coração, "a mais difícil de todas as tarefas é um ser humano amar outro", como escreveu o poeta Rilke. Além disso, apesar de, em certo sentido, o amor conquistar tudo, a guerra ainda continua sendo a força dominante nas questões do mundo.

A sensação de solidão e privação que aflige a vida de muitas pessoas não ocorre porque há escassez de amor. Você pode encontrar amor em todo lugar para onde olhar, de uma forma ou de outra. Todo sorriso e a maior parte das conversas e olhares que você troca com as pessoas que encontra todos os dias contém pelo menos algumas partículas de amor, na forma de interesse, apreciação, consideração, ternura ou bondade. Conte as interações que você tem com os outros diariamente e verá que sua vida é mantida por um fluxo de interconexão, a saber, o jogo do amor em ação. "Não há força alguma no mundo exceto o amor", como escreve Rilke.

No entanto, se o amor é o maior poder sobre a Terra, a força que sustenta a vida humana – o que em certo sentido ele certamente é –, por que o calor radiante do amor não tem conseguido pôr fim à escuridão que domina o mundo nem transformar e erguer esta Terra? Por que é tão difícil para o amor permear o tecido denso dos relacionamentos humanos? Se o amor é nossa maior fonte de felicidade e alegria, por que é tão difícil nos abrirmos totalmente e deixá-lo governar nossas vidas? Qual é o problema?

Essas perguntas assumiram uma urgência particular para mim logo após 11 de setembro de 2001, quando o mundo mais uma vez mergulhou na guerra. Enquanto as bombas choviam sobre o Afeganistão em retaliação aos ataques terroristas em Nova York e Washington, o mundo me pareceu especialmente frágil e perigosamente próximo de cair no ódio e na violência. Depois que os líderes políticos norte-americanos embarcaram no que parecia ser uma guerra sem fim, senti o imperativo de lançar um novo olhar à dificuldade encontrada pelo que há de melhor no ser humano – a ternura e a bondade do coração – em assumir o controle neste mundo.

Eu havia anteriormente escrito dois livros sobre relacionamento consciente – *Journey of the Heart* e *Love and Awakening* – que mostram como lidar com os desafios do relacionamento, tratando-os como oportunidades para transformação pessoal e despertar espiritual. Este livro assume uma direção diferente. Ele se concentra na raiz de todos os problemas relacionais, "a mãe de todas as questões de relacionamento" – nossa relação tortuosa com o amor propriamente dito.

O clima de desamor

Há centenas de livros no mercado oferecendo ajustes de um tipo ou de outro para os relacionamentos. Algumas dessas técnicas podem ser muito úteis. Mas, em determinado ponto, a maior parte dos ajustes técnicos se transforma em remendos que se soltam, pois não conseguem dar conta do que está na raiz de todo conflito e desentendimento interpessoais – seja entre parceiros conjugais, membros da família, amigos, colegas de trabalho ou grupos étnicos diferentes em todo o mundo. Todos os problemas mais intratáveis nos relacionamentos humanos podem remontar ao que eu chamo de *clima de desamor* – uma suspeita profundamente arraigada, que a maioria de nós abriga dentro de si, de que não podemos ser amados, ou não somos realmente passíveis de ser amados, *justamente por sermos quem somos*. Essa insegurança básica dificulta a confiança em nós mesmos, nas outras pessoas ou na própria vida.

Não saber, em nosso íntimo, que somos realmente amados ou passíveis de ser amados destrói nossa capacidade de dar e receber amor livremente. Essa é a mágoa básica que gera conflitos interpessoais e toda uma série de complicações no relacionamento familiar. Dificuldade para confiar, medo de ser explorado ou rejeitado, sentimentos de ciúme e vingança, postura defensiva, necessidade de discutir e provar que se está certo, facilidade em se sentir magoado ou ofendido e em responsabilizar os outros pelo próprio sofrimento – essas são apenas algumas das maneiras em que se revela a nossa insegurança quanto a sermos amados ou passíveis de sermos amados.

O clima de desamor com frequência se mostra na forma de ataques emocionais repentinos em reação a algum indício de que seremos desprezados ou maltratados. É como se um reservatório de desconfiança e ressentimento estivesse pronto para ser liberado pelo menor dos incidentes. Usualmente até mesmo pessoas carinhosas e compassivas carregam dentro de si uma considerável parcela de desamor e sofrimento legítimos que pode de repente irromper sob determinadas circunstâncias. Para alguns casais, essas explosões ocorrem cedo, destruindo uma relação incipiente logo nos primeiros encontros. Para outros, o clima de desamor pode vir a expressar sua devastação só quando, num casamento aparentemente feliz, um ou mesmo os dois parceiros certo dia acordam e percebem que não se sentem realmente vistos ou compreendidos. Não é incomum casais que vivem juntos há um longo tempo dizerem algo como "Eu sei que meu marido me ama, mas, de algum modo, não me *sinto* amada.".

Às vezes o clima de desamor se mostra na forma de provocações sem fim e pequenas irritações, como se os dois parceiros estivessem continuamente procurando razões para resmungar: "Por que você não me ama melhor?". Por exemplo, um casal com o qual trabalhei descreveu um incidente cujo resultado foi um estranhamento que durou uma semana. A mulher havia acabado de preparar um chá para o marido quando ele se irritou pelo fato de ela ter acrescentado leite à bebida: "Eu já não lhe disse antes que não quero que você coloque leite no meu chá, pois eu gosto de deixá-lo primeiro em infusão por um tempo?". A única maneira de entender como algo tão trivial pôde desencadear um conflito determinante é reconhecendo o que a ação da esposa significou para o marido: aos olhos deste, ela havia demonstrado mais uma vez que não estava sintonizada com ele e com suas necessidades – como todas as outras mulheres na vida dele, começando por sua mãe. E, para ela, quando até mesmo fazer um chá para o marido se torna uma situação que desencadeia censura e ressentimento, isso mostra, mais uma vez, que não importa o que ela faça, jamais conseguirá obter o amor dele. Espreitando no fundo desse pequeno incidente está o antigo pavor de se sentir abandonado e não apreciado, algo que os dois parceiros estão vivenciando *mais uma vez*.

Como psicoterapeuta, fico intrigado diante da tenacidade e da intransigência do clima de desamor, que pode tomar conta da psique apesar de todas as evidências em contrário (mesmo quando as pessoas importantes em nossas vidas *realmente* nos amam) ou a despeito de muitos anos de psicoterapia ou de prática espiritual. E, o que é pior, o clima de desamor tem o poder de repelir, depreciar ou sabotar qualquer amor que *esteja* ali. De algum modo, o amor que está disponível sempre parece estar aquém das expectativas – não é suficiente, não é bom o bastante ou não é o tipo certo de amor. De alguma forma, ele não consegue nos convencer de que somos realmente amados ou passíveis de sermos amados. Dessa maneira, o clima de desamor – como uma expectativa de que não seremos ou não poderemos ser totalmente abraçados ou aceitos – nos torna impermeáveis ao amor que poderia realmente nos libertar desse domínio.

Como resultado, "você tem duas escolhas na vida: pode ficar sozinho e ser infeliz, ou estar casado querendo estar morto", como escreveu H. L. Mencken em tom sardônico, de humor negro. Citar essa frase nos *workshops* de relacionamento sempre evoca muitos risos, pois as pessoas se sentem aliviadas diante do reconhecimento desse dilema humano básico. Quando se está sob o encantamento do clima de desamor, viver sozinho é um sofrimento porque nos sentimos desolados ou abandonados. No entanto, casar não cura essa infelicidade, pois viver com alguém todos os dias pode aumentar a intensidade da sensação de desamor e torná-la ainda mais terrível.

Então, de que maneira pessoas de coração partido como nós podem curar esse ferimento que há em relação ao amor e que tem sido transmitido de geração para geração e, assim, libertarem-se do conflito que domina nosso mundo? Essa é a questão mais crucial da vida humana, tanto do ponto de vista pessoal quanto do coletivo. É também o foco central deste livro.

A natureza e a importância do amor

Eu definiria o amor de uma maneira muito simples: como uma mistura potente de aceitação e afeto, que nos permite estabelecer contato real, encantarmo-nos e integrarmo-nos conosco mesmos, com os outros e com a própria vida. A aceitação – a pureza do coração, o *sim* incondicional – é a *essência* do amor. E o afeto é a *expressão* básica do amor, surgindo como uma extensão natural deste *sim* – o desejo de atingir e tocar o que amamos, estar a ele conectado e nutri-lo. Se a aceitação do amor é como o céu claro, sem nuvens, o afeto é como a luz do sol inundando esse céu, emitindo um espectro de cores como um arco-íris: paixão, alegria, contato, comunhão, bondade, carinho, entendimento, serviço, dedicação e devoção, para citar apenas algumas manifestações.

Segundo os santos e os místicos, o amor é o próprio tecido do qual somos feitos; somos criados a partir desse afeto e dessa condescendência. Não precisamos ser grandes sábios para reconhecer isso. Tudo o que precisamos fazer é lançar um olhar honesto para o que faz nossa vida valer a pena. Quando a presença do amor está viva e se move dentro de nós, não há dúvida de que nossa vida está no caminho certo e é significativa, independentemente de nossas circunstâncias externas. Nós sentimos que estamos *em contato*, conectados com algo maior do que nosso pequeno ser. Isso tira de nossos ombros a carga de isolamento e alienação, enchendo-nos de paz e bem-estar. Mas quando o amor está ausente, algo com frequência parece triste, não totalmente certo; alguma coisa parece estar faltando, e é difícil encontrar muita alegria, mesmo em meio a circunstâncias favoráveis. Somos facilmente vítimas de ausência de significado, ansiedade ou desespero.

Essas verdades simples são também reiteradas pelas pesquisas da neurociência, as quais confirmam que nossas conexões com os outros afetam o desenvolvimento e o funcionamento saudável do cérebro, os sistemas endócrino e imunológico e nosso equilíbrio emocional. Em suma, o amor é a força central que mantém nossa vida coesa e permite que ela funcione. Nas palavras do sábio indiano Nisargadatta Maharaj, "Vida é amor e amor é vida.".

Enquanto as mulheres geralmente reconhecem o lugar central do amor em tudo, os homens são com frequência mais relutantes em fazê-lo. "Por favor, não reduza tudo a isso", posso ouvir muitos leitores homens resmungando. "Tenho coisas mais importantes para cuidar do que me sentir amado." Entretanto, pense o seguinte: o autor que escreve um *best-seller*, o político que vence uma eleição, o executivo que obtém uma promoção ou um contrato importante – todos se sentem bem consigo mesmos porque uma pequena porção de amor passou por seu caminho, na forma de reconhecimento, orgulho ou apreciação. Até mesmo o aplicador que obtém uma sorte inesperada no mercado de ações acha que os deuses estão sorrindo para ele.

No fundo, a maioria das coisas pelas quais lutamos – segurança, sucesso, riqueza, *status*, poder, reconhecimento, validação, elogios – são maneiras de tentar preencher uma lacuna que existe dentro de nós, um vão criado por estarmos separados do amor. Como maneiras de tentar ganhar o amor de forma indireta, essas gratificações substitutas realmente não nos nutrem porque não oferecem a coisa real. Nesse sentido, elas são como *junk food*. Como não conseguem nos alimentar, só intensificam nossa fome mais íntima, levando-nos a correr sem parar, como um *hamster* na roda do sucesso, esperando desesperadamente obter alguma recompensa que realmente satisfaça.

Mas se o amor é tão fundamental para que sejamos quem somos, por que frequentemente nos sentimos tão separados dele? Todas as grandes tradições espirituais têm abordado a questão de por que as pessoas tratam as outras tão mal e o motivo de o mundo ser tão confuso. Têm proporcionado várias explicações para isso, tais como ignorância, carma ruim, pecado original, egocentrismo ou fracasso em reconhecer o amor como nossa verdadeira natureza. Mas qual é a causa básica dessas aflições?

A mágoa do coração

Se lançarmos um olhar honesto para dentro de nós, podemos perceber certa vigilância em torno de nosso coração. Para algumas pessoas, essa é uma barreira espessa, impenetrável. Para outras, um escudo de proteção mais fino ou uma limitação mais sutil que só se manifesta sob condições ameaçadoras. E nada desencadeia tão fortemente essa sensação de ameaça quanto a desconfiança anteriormente discutida: a de que não somos realmente amados ou aceitos por sermos quem somos. O entorpecimento ou fechamento do coração é uma tentativa de rechaçar o sofrimento que isso produz.

Não saber que podemos ser amados por sermos quem somos nos impede de confiar no próprio amor, e isso por sua vez faz que nos desviemos da vida e duvidemos de sua benevolência. Podemos dizer a nós mesmos que o amor não está realmente disponível. Mas a verdade mais profunda é que não confiamos inteiramente nele, e portanto temos muita dificuldade de nos abrirmos totalmente a ele ou de deixá--lo nos inundar por completo. Isso nos desconecta de nosso próprio coração, exacerbando a nossa sensação de escassez de amor.

Essa desconexão do amor muito frequentemente se desenvolve por não termos nos sentido totalmente abraçados ou aceitos em nossa família de origem – quer em razão de negligência, falta de sintonia ou abuso explícito. Quando não nos sentimos seguros nos braços do amor, caímos nas garras do medo. O amor e o cuidado inadequados impactam diretamente o sistema nervoso sensitivo da criança, resultando em certo grau de choque ou trauma que vai nos afetar pelo resto de nossa vida.

Às vezes a mágoa ou a separação do amor acontece de maneiras mais sutis. Alguns pais parecem bastante amorosos, mas implícita ou inconscientemente distribuem seu amor de maneira controladora ou manipuladora. Ou então, podem não estar sintonizados com a criança de modo a reconhecê-la como alguém diferente deles, um ser distinto por direito próprio. Essas crianças podem se sentir amadas por determinados atributos – mas não por serem quem realmente são. Em sua necessidade de agradar seus pais e se adequar, passam a encarar o amor como algo que está fora delas, que elas têm de ganhar satisfazendo determinados padrões.

As crianças naturalmente tentam se proteger ao máximo do sofrimento do amor inadequado. Elas aprendem a se separar e a se distanciar do que lhes causa sofrimento, ao que reagem se recolhendo ou se fechando. O termo técnico para isso é *dissociação*.

A dissociação é a maneira de nossa mente recusar e afastar nosso sofrimento, nossa sensibilidade, nossa necessidade de amor, nossa tristeza e nossa raiva por não conseguirmos amor suficiente; e também de ignorar nosso corpo, onde moram esses sentimentos. Essa é uma das estratégias mais básicas e efetivas do repertório de defesas da criança, mas também tem um importante aspecto negativo: ela contrai ou fecha o acesso às duas principais áreas de nosso corpo: o centro vital no ventre – a fonte da energia do desejo, da sensualidade, do poder vital e do conhecimento instintivo – e o centro do coração – onde reagimos ao amor e sentimos as coisas mais profundamente. Ao dizer não ao sofrimento do desamor, bloqueamos os caminhos através dos quais o amor flui no corpo e, desse modo, nos privamos dos próprios nutrientes que permitiriam o florescimento de toda nossa vida. Assim, acabamos por cortar nossa conexão com a própria vida.

Tal situação nos deixa em um dilema estranho e doloroso. Por um lado, estamos famintos de amor – não conseguimos evitar isso. Mas, ao mesmo tempo, também o repudiamos e nos recusamos a nos abrir totalmente a ele porque não o julgamos digno de nossa confiança.

Todo esse padrão – não saber que somos amados pelo que somos e, então, entorpecer nosso coração para nos protegermos desse sofrimento, fechando os caminhos através dos quais o amor pode fluir para dentro de nós e através de nós – é a *mágoa do coração*. Embora essa mágoa em relação ao amor se desenvolva a partir do condicionamento durante a infância, com o tempo ela acaba se tornando um problema espiritual muito maior – uma desconexão da receptividade amorosa que é nossa autêntica natureza.

Essa mágoa humana universal se mostra no corpo como vazio, ansiedade, trauma ou depressão, e, nos relacionamentos, como clima de desamor, com insegurança, cautela, desconfiança e ressentimento concomitantes. E todos os problemas de relacionamento derivam daí.

O amor e a mágoa do coração parecem sempre andar de mãos dadas, como a luz e a sombra. Não importa quão perdidamente nos apaixonemos por alguém, raramente ficamos muito tempo acima de nosso medo e de nossa desconfiança. Na verdade, quanto mais brilhantemente a outra pessoa nos ilumina, mais isso ativa a sombra de nossa mágoa e a traz à tona. Assim que surgem o conflito, o desentendimento e o desapontamento, uma certa insegurança brota dos escuros recônditos da mente, sussurrando: "Viu só como você não é realmente amado?"

No nível coletivo, essa mágoa profunda na psique humana conduz a um mundo destruído pela luta, pelo estresse e pela dissensão. Comunidades e instituições sociais de todos os níveis – casamentos, famílias, escolas, igrejas, corporações e nações por todo o globo – estão em desordem, divididas contra si mesmas. Todos os maiores males do planeta – guerra, pobreza, injustiça econômica, degradação ecológica – se originam de nossa incapacidade de confiar um no outro, honrar as diferenças, engajarmo-nos em um diálogo respeitoso e atingir o entendimento mútuo.

Por isso, toda a beleza e os horrores deste mundo surgem da mesma raiz: a presença ou ausência do amor. Não se sentir amado e levar isso ao coração é a única mágoa que existe. Ela nos incapacita, fazendo-nos murchar e contrair. Desse modo, além de alguns desequilíbrios bioquímicos e transtornos neurológicos, o Manual Diagnóstico para as aflições psicológicas, conhecido como DSM,[1] poderia muito bem começar assim: "Aqui estão descritos todos os sentimentos de infelicidade e comportamentos desgraçados que acometem as pessoas quando elas não sabem que são amadas.". Todo ódio de nós mesmos e dos outros, todo o nosso medo e egoísmo, todos os nossos problemas e inseguranças sexuais, toda patologia, neurose e destrutividade existentes no mundo, e todo o pesadelo da História, com seu derramamento de sangue e crueldade, recaem em um simples fato: não sabermos que somos amados e passíveis de sermos amados faz que o coração se esfrie. E toda a tragédia da vida humana vem disso.

Quando as pessoas não sabem que são amadas, um buraco negro e frio se forma na psique, onde elas começam a abrigar crenças de

---

[1] *Diagnostic and Statistical Manual of Mental Disorders* (Manual Diagnóstico e Estatístico de Transtornos Mentais). (NT)

que são insignificantes, irrelevantes ou carentes de beleza e bondade. Esse gelado lugar de medo é que dá origem a todo tipo de ataques terroristas – não apenas na forma de bombas explodindo, mas também nos ataques emocionais que ocorrem dentro de nós e em nossos relacionamentos.

O terror externo é apenas um sintoma do terror interno. Quando as pessoas se sentem desamadas ou maltratadas buscam alguém para culpar, alguém em quem possam descarregar seus maus sentimentos. Embora a guerra e o terrorismo sejam, em geral, encarados como questões políticas, o fato é que as pessoas nas quais o amor está fluindo não lançam bombas. O terrorismo, como a guerra em si, é um sintoma do mal que infecta nosso mundo: a desconexão do amor.

A menos que possamos erradicar essa praga curando o clima de desamor que vem sendo transmitido de uma geração para outra, o domínio do medo e do terror jamais será superado neste mundo. Uma "guerra ao terrorismo" é um paradoxo, uma impossibilidade, porque é impossível eliminar o terror por meio da guerra, que só cria mais terror. Somente em um ambiente de amor podemos nos sentir realmente abrigados de ataques. "Devemos amar uns aos outros ou morrer", como escreveu W. H. Auden em um poema quando da deflagração da Segunda Guerra Mundial.

Reconheço que alguns leitores podem considerar ingênuo ou irrealista introduzir verdades sobre o amor em discussões de questões políticas como a guerra e o terrorismo. É claro que as guerras, os conflitos étnicos e a injustiça social requerem soluções políticas. Ao mesmo tempo, os acordos políticos em que há falta de cuidado e de respeito genuínos entre os signatários acabam se rompendo e conduzindo a novos conflitos.

Frequentemente, líderes religiosos e ativistas sociais têm entendido a tendência à guerra como um sintoma de alienação em relação ao amor e enfatizado o papel fundamental que esse sentimento deve desempenhar na resolução dos problemas do mundo. Por exemplo, Martin Luther King Jr. reconheceu o papel que o ressentimento desempenha na geração de guerras, declarando que apenas o amor pode curar esse mal: "Mais cedo ou mais tarde todas as pessoas do mundo terão de descobrir uma maneira de viver juntas em paz [...]. Para conseguir isso, o homem deve desenvolver, para todo conflito humano, um método que rejeite a vingança, a agressão e a retaliação. A base desse método é o amor.".

Esse é um sentimento nobre, mas como a humanidade pode realmente superar seu vício em violência e seu cinismo com relação ao amor? O que eu sugiro neste livro é que a guerra surge do ressentimento contra os outros e que esse ressentimento está enraizado em nossa mágoa contra o amor – mágoa essa que descarregamos nos outros porque os responsabilizamos por ela. Este livro mostra um caminho prático não só para entendermos profundamente esse problema humano fundamental como para lidarmos com ele.

Amor e ressentimento

Minha reação inicial aos ataques terroristas de 2001 e à febre de guerra que eles desencadearam foi de raiva e indignação. Mas logo vi que minha reação era parte do mesmo problema que me perturbava com relação ao mundo em geral. Os terroristas tinham seu ressentimento incontestável contra os Estados Unidos e o governo norte-americano tinha seu ressentimento incontestável contra os terroristas. E, assim como essas partes em guerra, eu também tinha um ressentimento incontestável – contra um mundo viciado em guerra e vingança e contra os fomentadores de ódio de todos os lados. Apesar de meu desejo fervoroso por um mundo em paz, enquanto encarasse os terroristas e os instigadores da guerra como algum tipo de adversário contra os quais deveria abrigar ressentimento, eu também estaria vestindo o manto da guerra. Enxergar que meu investimento no ressentimento era exatamente a mesma coisa que direciona todo ódio e violência no mundo me lançou em um processo de busca da alma e de descoberta interior.

Meu desejo de entender como o ouro do amor se transforma em chumbo me obrigou a lançar um olhar demorado e difícil no ressentimento. Ao estudar meu próprio investimento no rancor e como ele atuou nos meus relacionamentos, vi que algo em mim encontrou grande satisfação em estabelecer um *outro* – alguém ou algo em oposição a mim – e então tornar esse outro errado, enquanto fazia de mim mesmo a parte prejudicada, submetida a um julgamento justo. Havia algo nessa acolhida ao ressentimento – eu tinha de admitir – que era realmente muito convincente.

Para todo lugar que olhamos encontramos pessoas se entregando à atividade mental do ressentimento. Nossos casamentos e famílias, escolas e locais de trabalho, todos se tornaram campos de batalha em que as pessoas despendem grandes quantidades da preciosa energia vital guerreando umas contra as outras, acusando e sendo acusadas. Há também o "ressentimento político", em que as campanhas políticas manipulam a insatisfação e a raiva do eleitorado, apontando bodes expiatórios convenientes como uma maneira de angariar votos. Enquanto isso, no cenário mundial, vários grupos religiosos e étnicos continuamente se empenham em recriminar e retaliar uns aos outros.

Essa tendência de estabelecer adversários contra os quais lutar é também algo que existe dentro de nós. Talvez você trave uma batalha diária com seu emprego, encarando-o como um monstro devorador que ameaça consumi-lo. Ou talvez lute com suas listas de coisas a fazer, com as várias pressões que fazem parte de sua vida, com o trânsito, o tempo, os sentimentos difíceis que você enfrenta, ou mesmo com a vida propriamente dita. A mais dolorosa de todas é a batalha interna travada dentro de sua mente e de seu corpo quando você *se* torna errado ou ruim – o que gera enorme estresse emocional e autodepreciação. Algumas pessoas se tornam tão rivais de si mesmas que terminam matando o monstro que imaginam ser.

Por que essa compulsão para criar adversários e alimentar ressentimentos, já que isso só acaba destruindo a nós e àqueles que nos cercam? Quando me aprofundei nas camadas de meu rancor contra o mundo após os ataques terroristas, reconheci uma antiga sensação de não pertencer a este mundo – sensação que remontava a minha infância. Enquanto eu crescia, sentia-me como um alienígena porque os adultos que me cercavam pareciam mais interessados em me adequar a suas próprias agendas do que em descobrir quem eu podia ser. Como resultado de ter de me afastar de minha mãe porque ela não conseguia me deixar ser eu mesmo, separei-me do amor e permaneci em guarda contra ele durante as primeiras décadas de minha vida.

Consequentemente, aprendi a desenvolver meu intelecto, pelo menos em parte, como uma maneira de me dissociar do sofrimento causado por essa desconexão em relação ao amor. Mas muito mais profundo do que qualquer necessidade de escrever, realizar ou fazer diferença no mundo, havia um inegável anseio que se mostrava humilhante quando eu o encarava em sua crua simplicidade: eu tinha de admitir que, na raiz de tudo o que eu fazia, o que eu mais queria era amar e ser amado.

No âmago do meu ressentimento contra um mundo enlouquecido, descobri a criança vulnerável que ainda não sabia que o amor estava plenamente disponível e era realmente confiável. Ainda que eu aparentemente tivesse muito amor em minha vida e por muitos anos houvesse investigado os relacionamentos íntimos e escrito sobre eles, não obstante descobri um canto escuro e oculto dentro de mim que me fazia não confiar inteiramente no amor. E vi que era ali que o rancor se enraizava – o lugar em que eu lutava contra um mundo que não me parecia amigável. Bem no meu íntimo, eu estava face a face com o mesmo ressentimento que envenena o mundo todo, gerando toda culpa e recriminação que acabam levando à violência, ao divórcio, às vinganças e à guerra. Reconhecer dentro de mim esse vínculo entre o clima de desamor e o clima de ressentimento me proporcionou um entendimento melhor de por que o amor continuamente entra em colapso nos relacionamentos humanos.

Querendo explorar isso um pouco mais, decidi levar a questão do ressentimento a alguns de meus alunos, na época em que os ataques terroristas ainda estavam recentes e o nível de medo e indignação ainda era muito elevado. Comecei pedindo que se concentrassem em uma situação estressante em suas vidas. Depois solicitei que observassem como seu estresse atual estava vinculado ao fato de eles se colocarem em oposição a algo que tratavam como adversário. Algumas pessoas escolheram se concentrar em um relacionamento ou em uma situação ligada ao trabalho; outras optaram pelos atos terroristas, pela reação de nosso governo ou pelo caos no mundo.

Meus alunos acharam esclarecedor observar, em cada caso, como sua tensão se originava do fato de dizerem *não* a algo que tratavam como adversário. Em seguida, pedi para verem se conseguiam encontrar nessa luta algum ressentimento antigo e familiar – no decorrer de toda sua vida – contra pessoas que agiram com deslealdade. E solicitei que declarassem esse ressentimento em uma sentença, no tempo presente, começando com "Você...". Eis algumas das declarações de ressentimento que surgiram:

"Você quer se aproveitar de mim."

"Você não me valoriza pelo que sou."

"Você não se importa comigo, só está interessado em si mesmo."

"Você quer me controlar."

"Você não me enxerga."

"Você não me respeita."

"Você quer me derrubar."

"Você só me aceita se eu me ajustar a sua agenda."

"Você me usa para seus próprios fins."

"Você não me dá nada de seu tempo nem de sua atenção."

"Você não reconhece minhas virtudes."

À medida que as pessoas declaravam seus ressentimentos, ficou claro que suas frases eram apenas manifestações diferentes da mesma queixa, do mesmo lamento fundamental, a saber: *Você não me ama*. Mais especificamente: *Você não me ama como eu sou*. Essa é a mágoa universal que estimula nossa briga com o mundo.

O amor é o reconhecimento da beleza. Cada um anseia não somente conhecer a beleza e a bondade que existem dentro de si, mas também sentir-se confiante em relação a isso. Especialmente quando crianças, precisamos que outra pessoa enxergue a beleza de nossa alma e reflita essa beleza de volta para nós, como um espelho, para que possamos enxergá-la e apreciá-la. Quando a beleza de sermos quem somos não era reconhecida, sentíamos a ausência do amor; nosso íntimo entrava em choque e se fechava.

Por razões que não podemos compreender, outras pessoas, Deus ou a própria vida pareciam estar nos privando do reconhecimento e do entendimento que instintivamente sabíamos que necessitávamos para prosperar. Isso era enlouquecedor. Sabíamos que o amor era nosso por direito e que precisávamos estar unidos a ele, senti-lo nos preenchendo e nos permeando completamente. Alguém ou algo certamente tinha de ser responsabilizado! Então criamos um ressentimento contra outras pessoas ou contra a própria vida por não nos proporcionar o amor de que necessitávamos, ou contra nós mesmos por não termos sido bem-sucedidos na conquista desse amor.

O grande amor

É verdade, temos direito ao amor perfeito. É nosso direito nato. Mas o problema é que estamos buscando por ele nos lugares errados – fora de nós, em nossos relacionamentos imperfeitos com pessoas imperfeitas que estão magoadas como nós. Isso inevitavelmente nos deixa frustrados e desapontados. Mesmo que o amor perfeito possa brilhar por alguns instantes nos relacionamentos, não podemos assumir que as outras pessoas sejam uma fonte consistente dele.

Entretanto, embora o amor humano em geral se manifeste de maneira imperfeita, há outra dimensão do amor que *é* perfeita, indestrutível e sempre disponível. Esse amor flui diretamente para o coração, originando-se da fonte fundamental de tudo – quer a chamemos de Deus, Tao ou natureza búdica. É o grande amor, o amor absoluto – receptividade e afeto puros e incondicionais –, que realmente subsiste na própria essência de nossa natureza.

Se o grande amor é como o sol, nossa mágoa é como uma camada de nuvem que bloqueia temporariamente seus raios. Felizmente, assim como o sol não pode ser danificado pelas nuvens, nossa capacidade inata para o afeto e para a receptividade não pode ser destruída. Por isso, curar a mágoa do coração não significa consertar algo que esteja quebrado. Ter um coração ferido é mais parecido com estar sem rumo – perdido nas nuvens que temporariamente bloqueiam o acesso ao sol, que está sempre brilhando. Embora possamos passar toda uma vida perdidos nessas nuvens, isso não quer dizer que o próprio sol esteja perdido ou danificado. Então, a cura da mágoa com relação ao amor implica nos tornarmos disponíveis ao sol, para que ele possa fazer o que naturalmente quer fazer: brilhar sobre nós.

Deixando o amor entrar

A maior parte das religiões tenta remediar o problema do desamor humano exortando-nos a amar com mais generosidade. Para sermos amados, dizem elas, primeiro precisamos amar. "Àquele que tem será dado.". "É melhor dar do que receber."

Esse princípio básico da vida espiritual certamente contém uma profunda verdade. Mas há outra verdade que se situa ao lado dessa:

não podemos dar o que não podemos receber. Assim como a terra é abundante por causa de sua capacidade de receber e absorver (a luz do sol e a chuva do céu), nós só podemos distribuir amor abundantemente se formos capazes de recebê-lo, absorvê-lo e sermos nutridos por ele. Se não nos sentirmos amados dentro de nós, como poderemos algum dia amar de verdade? Se nossa mágoa nos impede de deixar o amor entrar, então quanto temos para dar?

"Amar é espalhar luz", escreve Rilke, enquanto "ser amado significa estar iluminado." Quem disse que ficar iluminado é menos sagrado do que espalhar luz? E como podemos espalhar luz se não estivermos iluminados?

Por isso, para amarmos precisamos nos tornar mais permeáveis ao amor, deixá-lo entrar em tudo o que há em nós, para que possamos viver e respirar de dentro para fora. Mesmo que acreditemos que Deus é amor ou que temos um dever moral de amar nosso próximo, essas crenças terão pouco efeito enquanto nosso "canal interno" estiver fechado ou contraído, impedindo que o grande amor flua livremente para dentro de nós e através de nós.

Inúmeros livros sobre como amar melhor têm sido escritos. Diferentemente dessas obras, este é um livro que vai ajudá-lo a se concentrar em sua capacidade de receber amor e mostrar-lhe como você pode conseguir ampliar essa capacidade.

Há um segredo com relação ao amor humano que é comumente negligenciado: receber é muito mais assustador e ameaçador do que dar. Quantas vezes em sua vida você foi incapaz de deixar entrar o amor de alguém, ou até mesmo o afastou? Por mais que proclamemos que desejamos ser realmente amados, com frequência temos medo disso, e então achamos difícil nos abrirmos para o amor ou deixá-lo entrar completamente.

Uma forma de os casais frequentemente lidarem com seu medo de receber amor é dividindo-o em dois polos – um parceiro sendo o perseguidor, e o outro, o distanciador. Embora pareça que é o distanciador quem está temeroso de deixar o amor entrar, na verdade os dois lados estão optando por controlar a receptividade. Os perseguidores permanecem no controle exigindo, seduzindo ou indo atrás – tudo isso isentando os distanciadores de terem de se enternecer e se abrir.

É comum que fiquem atemorizados ao terem de receber e retribuir – e por isso preferem praticar a caça. Os distanciadores permanecem no controle por meio da retração. Embora cada lado se queixe do outro, eles estão na verdade fazendo a mesma coisa: engajando-se em uma estratégia que evita o risco de se abrirem totalmente para o amor.

Uma abordagem psicoespiritual

No meu trabalho como psicoterapeuta, descobri o poder de reunir os princípios psicológicos e espirituais no processo de cura e crescimento. O trabalho psicológico se concentra mais no que aconteceu de errado: em como ficamos feridos em nossas relações com os outros e de que modo lidar com isso. O trabalho espiritual se concentra mais no que está intrinsecamente certo: no fato de termos recursos infinitos no cerne de nossa natureza, os quais podemos cultivar para viver de maneira mais expansiva. Se o trabalho psicológico afina as nuvens, o trabalho espiritual invoca o sol. Este livro reúne essas duas perspectivas, apresentando uma abordagem psicoespiritual para transformar a mágoa do coração.

No nível psicológico, este livro oferece um conjunto distinto de percepções e métodos concretos para tratar de sua mágoa pessoal com relação ao amor e libertar seus antigos ressentimentos, a fim de que você consiga deixar o amor fluir mais livremente dentro e através de você. No nível espiritual, ele vai ajudá-lo a desenvolver sua capacidade de se abrir, a manter suas experiências mais difíceis em uma zona de amor e, além disso, a conectar-se à grande força do amor absoluto que é sua própria essência pessoal, a fim de que essa força possa impregnar e iluminar sua vida de dentro para fora.

Trabalhar nesses dois níveis – tratar de sua mágoa psicológica e aprender a ter acesso ao grande amor – vai ajudá-lo a se relacionar consigo mesmo, com os outros e com todos os aspectos da vida, com um coração mais generoso, mais aberto. Você vai descobrir que sua mágoa não é uma falha ou um defeito, mas sim uma bússola que pode conduzi-lo a melhores vínculos com as pessoas. E isso vai lhe permitir viver de modo mais harmonioso com a tensão entre a perfeição inerente ao amor e a imperfeição inevitável do relacionamento.

Todas as ideias e métodos apresentados neste livro foram desenvolvidos a partir de minhas próprias pesquisas e experiências, assim como de meu trabalho como psicoterapeuta. Ao apresentar esse material em minhas aulas e *workshops*, vi que ele exerce um efeito poderoso nas relações que as pessoas têm consigo mesmas e com os outros. Em um contexto de ensino, os exercícios experimentais proporcionam um meio de aplicar esse material em suas vidas de maneira concreta e pessoal, particularizando-o. Entretanto, sabendo que a inclusão de exercícios no corpo de um livro pode interferir no fluxo da prosa, optei por reunir alguns deles, com poucas e importantes exceções, em uma parte separada no final do livro, organizados por capítulo. Se você estiver muito interessado em consultá-los, pode examinar essa seção e realizar os exercícios depois de ler cada capítulo. Isso irá ajudá-lo a integrar e incorporar os conceitos que você for adquirindo ao longo do caminho.

Que todos os seres possam ser felizes e ter paz consigo mesmos. Sabendo que somos sustentados em amor, podemos encontrar a fonte ilimitada de alegria que há dentro de nós e compartilhá-la com o mundo que nos cerca. Que possamos entender nossa verdadeira natureza como um amor jubiloso e radiante.

PRÓLOGO
Sentindo-se Abrigado no Amor

David era um mistura interessante: um homem cativante, na faixa dos quarenta anos, que tinha um profundo entusiasmo pelas mulheres, pelo sexo e pelo contato genuíno, direto. Mas ele também vivia à sombra de sua mágoa, e sua vida foi marcada por uma série de casos amorosos que nunca foram muito longe. Embora não tivesse nenhuma dificuldade para encontrar parceiras atraentes, a história era sempre a mesma: ele terminava por recriminá-las e afastá-las, ou então se retraía até que elas finalmente o deixavam. David queria desesperadamente o amor em sua vida e, quando pensava em todas as mulheres com as quais rompera, admitia que várias delas poderiam ter sido boas companheiras. Mas, durante os relacionamentos, ele sempre encontrava algo para justificar sua insatisfação e consequente desistência. Decidiu fazer terapia porque queria descobrir o que havia de errado com sua vida amorosa.

Seis meses antes ele havia iniciado um relacionamento com Lynn, a mulher a quem ele amou mais louca e intensamente do que qualquer outra antes. Eles compartilhavam um forte vínculo emocional, tinham ótimas conversas e sexo maravilhoso. Mas a certa altura ele se retraiu e rompeu o relacionamento porque não conseguia confiar nela e temia que ela pudesse magoá-lo muito.

Em nossas primeiras sessões, David permaneceu concentrado em Lynn e sua inconfiabilidade, mas finalmente consegui direcionar o foco para o que estava acontecendo dentro dele. Ele havia crescido com uma mãe instável, depressiva e em grande medida indisponível durante longos períodos de tempo; quando estava presente, ela tinha pouco a lhe dar emocionalmente. Nada que David fizesse – desde ficar zangado até se retrair – proporcionava a atenção e o amor de que ele necessitava. Como resultado, ele simplesmente não confiava que o amor pudesse realmente existir para ele ou que ele pudesse ser amado por ser quem era. David acabava tentando provar seu valor impressionando as mulheres, e ao mesmo tempo se ressentindo delas por ter de fazer isso.

Sob o exterior cativante de David havia um tempestuoso ressentimento que ele mal conseguia reconhecer, muito menos expressar, porque em sua família a raiva era o pecado fundamental que garantia a rejeição. Por isso, uma maneira de ele expressar sua raiva era afastando qualquer um que tentasse se aproximar. No fundo, dizia a todas as mulheres que se interessavam por ele: "Suma daqui. Não confio em seu interesse e em sua atração porque você jamais poderia realmente me amar." A desconfiança que ele sentia de Lynn reverberava nos corredores de todo o seu passado, de toda uma vida, sem nunca se sentir inteiramente amado ou acolhido.

Após várias semanas explorando sua amargura e entendendo-a, o interesse de David por Lynn começou a renascer e ele quis vê-la novamente, embora achasse isso perigoso. Enquanto considerava o que fazer, houve um momento maravilhoso em que ele olhou para cima, como se mirasse o céu, e perguntou, quase retoricamente: "Então é assim? Você ama as pessoas, abre-se e sente-se vulnerável, deixa-as entrar, elas se tornam realmente importantes para você, e então podem fazer qualquer coisa que quiserem – ir embora, magoá-lo, mentir para você – e não há nada que você possa fazer a respeito? Isso é que é amor?".

A crueza das palavras de David tocou uma corda que ressoou em mim, colocando-me em contato com minha própria experiência a respeito do que ele estava dizendo, e sorri concordando. Refleti com ele que, quando você realmente deseja uma conexão profunda com alguém, quando essa paixão vem de seu interior mais profundo, é como uma onda que você não consegue controlar. Ela simplesmente o abre por completo. Você não só não consegue dominar a onda de sentimento, mas também não consegue controlar como a outra pessoa vai reagir a você. Pensei nas vezes em que me senti assim, e também no medo e no instinto de me proteger que vieram junto com essa emoção.

"Quando sinto essa abertura em relação a alguém, consigo realmente experimentar a profundidade e o poder desse sentimento", prosseguiu David. "Sei que é isso o que eu realmente quero ter com alguém, e que aí está a verdadeira essência." Ele estava falando daquele doce momento da entrega, em que a força do amor nos arrasta, fazendo-nos querer continuar nos abrindo, sem nenhum freio. "Mas parece tão perigoso; é como se houvesse risco de morte."

David estava no fio da navalha, na dúvida se cedia ao impulso de sua atração por Lynn – o que ele achava profundamente arriscado – ou se recuava e ficava em segurança. Quando lhe perguntei: "Se você pudesse ter o que quisesse nesse relacionamento, o que seria?", as primeiras palavras que emitiu foram um melancólico "Não sei". Eu o encorajei a demorar-se um pouco mais na pergunta, olhar dentro de si e permitir que a resposta brotasse de seu íntimo. Depois de uma pausa, ele disse: "Eu queria conseguir confiar nela e saber que sou realmente amado.". Mal essas palavras saíram de sua boca, ele já as reprimiu: "Mas talvez isso seja pedir demais.". Então, perguntei: "Como você se sentiria se fosse amado dessa maneira? O que isso lhe provocaria?". Depois de uma pausa mais longa, respondeu: "Uma sensação de aceitação, de ser valorizado por ser quem sou.".

Minha pergunta seguinte foi: "E como seria para você sentir-se realmente aceito e valorizado?". Uma pausa ainda maior dessa vez, e depois ele disse baixinho: "Estou tão cansado de estar avulso, sozinho. Eu queria realmente me sentir conectado...". David com frequência falava sobre uma sensação recorrente de isolamento que o fazia sentir-se perdido neste mundo, como se não pertencesse a lugar nenhum. Essa foi a primeira vez que ele reconheceu diretamente seu anseio por se sentir conectado.

No entanto, eu achava que alguma outra coisa o estava perturbando. Convidei-o a prosseguir na investigação, perguntando-lhe o que esse sentimento de conexão lhe proporcionaria. Dessa vez a resposta veio rapidamente, antes que ele conseguisse pensar a respeito: "Uma sensação de acolhimento, algo como ser apreciado exatamente por ser quem eu sou – embora eu não saiba com certeza o que poderia acontecer porque, você sabe, nunca experimentei isso.".

Um rubor cobriu o rosto de David depois dessas palavras, e reconheci o salto que elas representaram para ele. Conversamos sobre esse assunto durante algum tempo, reconhecendo como é difícil para os homens admitirem seu desejo de pertencimento e de se sentirem amados, e como é ainda mais raro e temível reconhecer isso diante de outro homem. David buscava em meu rosto sinais de julgamento, e então deixei que ele soubesse que eu estava do seu lado, apreciando sua disposição de compartilhar aquilo comigo. Ficamos durante algum tempo em silêncio, ambos sentindo como foi para ele reconhecer seu anseio de ser amado assim.

Parte de mim queria parar por ali e deixá-lo em paz. No entanto, tendo chegado até ali, eu achava que havia algo mais a ser explorado. Depois de me certificar de que ele estava bem, eu disse: "Imagine que você é amado e veja o que isso causa aí dentro, o que isso lhe permite experimentar.". Ele fechou os olhos por um tempo e depois disse: "É como ser abraçado, como estar aconchegado nos braços amorosos de alguém... Neste exato momento eu posso realmente me sentir assim.".

David e eu estávamos ambos perceptivelmente à vontade ali, juntos. A ternura, a lucidez e a segurança que David experimentava enchiam a sala.

Uma vez que David se sentira desconectado de sua família quando criança, a disposição para reconhecer sua necessidade de pertença, de se sentir amado e de ser acolhido em amor representava um passo importante para curar sua alienação. Ao reconhecer diretamente essas necessidades profundas e permitir que estivessem ali, David dava lugar a sua própria experiência de afeto e receptividade. E isso lhe forneceu uma amostra do que era se sentir abrigado no amor e na aceitação – justamente o que ele estava buscando.

Havíamos percorrido um longo caminho e, mais uma vez, fui tentado a parar por ali. Mas antes que eu percebesse, a próxima pergunta saiu por meus lábios: "Como seria para você se sentir abrigado assim? De que maneira isso afetaria seu corpo?". A resposta dessa vez foi imediata, porque David já sentia aquilo: "É como se eu tivesse aterrissado, parece que agora o chão me sustenta. Há uma ternura em meu peito e uma saciedade em minha alma.".

PRÓLOGO

"O que acontece quando você se concentra nessas sensações?"

"É relaxante. Algo em mim repousa."

Eu o encorajei a se deixar relaxar. Como para ele essa era uma experiência nova e poderosa, era importante que deixasse seu corpo conhecê-la mais plenamente. Depois de algum tempo, ele disse: "Há uma sensação deliciosa de ternura se espalhando por todo o meu corpo, como se estivesse permeando minhas células." David estava experimentando o que era deixar o amor se mover livremente através dele, e eu o estimulei a continuar se deixando levar pela sublime experiência que impregnava todo seu corpo. E então veio uma última pergunta: "Como é deixar o amor se mover através de você?".

"É como chegar à terra firme e me acomodar... É como um descanso profundo... Como se eu estivesse aqui por inteiro."

"Não há necessidade de se provar agora."

"Não, não há nada a provar. Eu posso simplesmente ser."

Nós havíamos atingido a essência da investigação. Ele havia aterrissado no único lugar que havia para fazê-lo — em sua própria natureza, naquela atmosfera de aceitação e ternura que chamamos de amor, bondade ou beleza. Então David sentiu a alma saciada e o coração aberto. Essencialmente, esse era seu desejo mais profundo: superar a necessidade de se afirmar para conseguir o amor, relaxar e sentir-se à vontade sendo ele mesmo, reconectar-se com a fonte de sua vitalidade e com seu coração. Ao reconhecer isso, David sentiu uma profunda sensação de paz fluindo sobre si enquanto ele se permitia descansar ali — autêntico em si mesmo, para si mesmo, consigo mesmo.

Aquele provou ser um momento decisivo em nosso trabalho juntos. David descobriu uma nascente de águas claras jorrando no meio do deserto da alienação, onde ele havia perambulado durante toda sua vida. A descoberta o fez abordar seu relacionamento com Lynn de uma nova maneira, a partir de um lugar mais seguro, mais enraizado nele próprio.

O amor como um ambiente acolhedor

Os momentos fundamentais dessa sessão foram o reconhecimento de David de sua profunda necessidade de ser acolhido em amor e a descoberta de como era esse acolhimento, que lhe permitia relaxar, repousar, sentir-se à vontade consigo mesmo. A desconfiança que David sentia de sua mãe o levou a temer as mulheres e a se ressentir delas durante toda sua vida. Mas, em um nível ainda mais profundo, sua mágoa se mostrou como uma desconfiança da vida, uma dificuldade em reconhecer que toda sua existência era protegida por algo maior em que ele podia confiar.

Qual é exatamente a natureza dessa proteção de que necessitamos?

Considere por um momento como todas as coisas neste universo são protegidas por algo maior. A Terra está contida no espaço, que é o ambiente que a envolve por completo, permitindo que ela se mova e gire livremente. O DNA está abrigado pelas células, e essas estão protegidas dentro dos tecidos e órgãos do corpo. As folhas são sustentadas pela árvore, e as árvores são firmadas na terra. As crianças, enquanto crescem, estão protegidas dentro de um ambiente familiar.

O psiquiatra infantil britânico D. W. Winnicott definiu a família como um "ambiente protetor" que permite e apoia o crescimento saudável da criança. Além da proteção física que é essencial para as crianças, o conceito de Winnicott se refere ao ambiente emocional favorável que uma família pode proporcionar.

Que tipo de proteção é mais essencial para o desenvolvimento humano? Imagine pegar um filhote de passarinho que caiu do ninho. Se você o apertar muito, acabará por esmagá-lo. Se o segurar sem firmeza, ele tornará a cair. Então, você quer aninhá-lo em suas mãos, mas também não quer pressioná-lo demais contra elas.

Esses, portanto, são os dois aspectos essenciais da proteção: contato e espaço. O contato envolve encontrar, ver, tocar, entrar em sintonia, conectar e cuidar. Quando as crianças experimentam um bom contato têm maior probabilidade de desenvolver confiança, autoafirmação e autoaceitação. Mas o bom contato por si só não é suficiente. As crianças também precisam de espaço para existirem, para serem elas mesmas. O contato sem espaço pode se tornar invasivo, claustrofóbico, sufocante.

Winnicott enfatizou a importância de permitir que as crianças estejam em contato com seu próprio "ser não estruturado", sem intrusão constante. Quando os pais não lhes proporcionam esse espaço, elas se sentem sufocadas ou controladas. Os filhos, que então se tornam explicitamente treinados para agradar aos pais e se adequar aos desígnios desses, perdem o contato com seu próprio senso de existência.

Pais não intrusivos, que reconhecem e aceitam os ritmos e as necessidades individuais de seu filho, respeitando o espaço da criança em vez de estarem sempre interrompendo a "continuidade do ser" – ou *going-on-being*, como nomeia Winnicott –, ajudam a criança a se sentir à vontade consigo mesma. É claro que se esse espaço não for equilibrado pelo bom contato, também se torna problemático, pois nesse caso a criança se sente abandonada.

Por isso, há dois tipos gerais de mágoas com relação ao amor, os quais conduzem ao medo da intimidade. Quando os pais agem de maneira invasiva e não proporcionam espaço suficiente, as crianças crescem temendo que o contato íntimo com outras pessoas seja uma ameaça que as farão sentir-se subjugadas, controladas, manipuladas ou violadas. Quando os pais não proporcionam contato emocional afetuoso, as crianças crescem temendo que os relacionamentos conduzam ao abandono, à perda ou à privação. O temor de serem dominadas, em geral, conduz à retração nos relacionamentos, enquanto o temor do abandono conduz à dependência, embora esses dois tipos de mágoa possam também se manifestar por meio de vários outros sintomas. Muitas pessoas sofrem de alguns deles, o que resulta em relacionamentos do tipo "puxa-empurra", em que um parceiro persegue quando o outro se afasta, mas depois recua quando o outro se aproxima.

Quando os pais proporcionam bastante contato e espaço, isso cria um ambiente de proteção que mantém saudáveis o desenvolvimento e o relacionamento. Nesse tipo de ambiente amigável, as crianças podem se sentir seguras para relaxar, soltar-se e confiar, o que as ajuda a manter aberto o canal do coração e a experimentar sua sensibilidade frágil, que o mestre de meditação tibetano Chögyam Trungpa chamou de "ponto vulnerável".

Os dois aspectos da proteção – contato e espaço, sintonia e desobrigação – correspondem às duas qualidades básicas do amor, do afeto e da receptividade, que são inerentes ao nosso ser. A afeição é nosso impulso natural a nos estendermos para fora de nós mesmos, tocar, fazer contato, recepcionar, abraçar e se encantar. A receptividade é nossa capacidade de desimpedir, permitir, deixar-se levar e receber os outros como eles são, de maneira gentil e generosa, sem ter de dominá-los ou fazê-los cumprir nossa vontade. Esse tipo de desobrigação é o melhor tratamento que podemos dar àqueles que amamos. Consideradas juntas, a receptividade e a afeição nos permitem reconhecer e apreciar a beleza natural no cerne de tudo e de todos – em suma, permitem-nos amar.

Embora essas duas qualidades sejam parte de nosso direito nato, elas precisam de uma centelha inicial para despertá-las. Para as crianças, essa centelha consiste em saber que são amadas. E as crianças sabem que são amadas quando se sentem genuinamente acolhidas, ou seja, quando os pais lhes proporcionam o contato afetivo e o espaço tranquilo que lhes permitem serem elas mesmas.

Sentir-se acolhido em amor é, portanto, a chave – como foi para David – para que baixemos a guarda e então possamos aprender a relaxar, a deixar o amor fluir através de nós e residir na condescendência natural de nosso coração.

PRÓLOGO

AMOR PERFEITO, RELACIONAMENTOS IMPERFEITOS

Repetidas vezes isto me desmonta –
Esta dependência dos outros para ser feliz.
DE UM POEMA DO AUTOR

Se a pura essência do amor é como o sol em um céu sem nuvens, essa luz clara e luminosa brilha mais vivamente no início e no final dos relacionamentos. Quando seu bebê nasce, você se sente de tal maneira agraciado pela chegada de um ser tão adorável que corresponde totalmente a ele, sem reservas, exigências ou julgamentos. Ou, quando se apaixona pela primeira vez, fica tão surpreso e encantado pela beleza absoluta da presença da outra pessoa que isso deixa seu coração totalmente aberto. Durante algum tempo, o brilho luminoso do amor flui com toda a força e você pode mudar seu nome para Felicidade. Da mesma maneira, quando um amigo ou um ente querido está morrendo, todos os seus conflitos com essa pessoa desaparecem. Você simplesmente aprecia o outro apenas por ele ser quem é, por ter estado aqui com você neste mundo durante algum tempo. O amor puro e incondicional brilha quando as pessoas se colocam de lado – com suas exigências e agendas – e se abrem completamente às outras.

O amor absoluto não é algo que temos de – ou sequer possamos – conceber ou fabricar. É o que flui naturalmente através de nós quando estamos totalmente disponíveis – para outra pessoa, para nós mesmos ou para a vida. Em relação à outra pessoa, ele se manifesta como cuidado desinteressado. Em relação a nós mesmos, ele se mostra como uma confiança interior e uma autoaceitação que nos aquecem por dentro. E em relação à vida, manifesta-se como uma sensação de bem-estar, apreciação e alegria de viver.

Amor absoluto

Esse tipo de aceitação e afeição vindas de outra pessoa nos fornece um apoio essencial: ajuda-nos a experimentar nossa própria ternura e receptividade, permitindo-nos reconhecer a beleza e a bondade que há no cerne de nossa natureza. A luz do amor incondicional desperta as sementes ocultas e adormecidas da alma, ajudando-as a germinar, florescer e dar frutos, possibilitando-nos trazer à tona os dons exclusivos que só nós temos para oferecer nesta vida. Receber o amor puro, o cuidado e o reconhecimento de outra pessoa nos causa um grande benefício: valida quem somos, de modo que possamos dizer *sim* a nós mesmos.

Quando duas pessoas apreciam uma à outra por serem exatamente como são, elas compartilham um momento de reconhecimento do Eu-Tu, como diria Martin Buber, que vê isso como a fonte de certo tipo de confirmação fundamental: algo que nos ajuda a saber e sentir *que somos alguém.*

O que parece mais assertivo não é apenas o fato de nos sentirmos amados, mas nos sentirmos amados como nós somos. *Como nós somos* significa *na essência de nosso próprio ser.* O amor absoluto é o amor do ser.

Mais profundo que todos os nossos traços de personalidade, sofrimentos ou embaraços, nosso ser é a atitude dinâmica e disponível que essencialmente praticamos. É o que experimentamos quando nos sentimos à vontade e seguros, conectados conosco mesmos. Uma vez enraizado no solo indispensável dessa atitude, o amor flui livremente através de nós, e podemos mais prontamente nos abrir aos outros. Quando duas pessoas que vivem essa atitude condescendente se encontram, elas compartilham um momento perfeito de amor absoluto.

Entretanto – e esse é um ponto crucial – a personalidade humana não é a fonte do amor absoluto. Em vez disso, a luz desse amor brilha através de nós, a partir de algo que está totalmente além, a fonte suprema de tudo. Nós somos os canais pelos quais flui essa radiação. Contudo, ao fluir por nós, ela também encontra um lar, fixando residência em nosso íntimo como se fosse a própria essência de nosso coração.

Temos uma afinidade natural por esse alimento perfeito que é também nossa qualidade mais profunda, o fôlego de nossa vida. Daí o instinto de todo bebê de buscar isso no momento do nascimento. *Não podemos evitar desejar nossa própria natureza.*

Quando o valor e a beleza de nossa existência são reconhecidos, podemos relaxar, descansar e ficar à vontade conosco mesmos. Quando relaxamos, abrimo-nos. E essa abertura nos torna transparentes para a vida que flui através de nós, como uma brisa fresca que entra em um aposento assim que as janelas são escancaradas. Isso provoca uma sensação de bem-estar e de poder genuíno, que D. H. Lawrence define como "a vida correndo para dentro de nós".

Martin Buber vê o momento da conexão Eu-Tu como o rompimento de um antigo invólucro de proteção, o surgimento de uma borboleta que sai da crisálida. Ao provarmos o amor puro, incondicional, compreendemos que é bom sermos nós mesmos, estarmos vivos, e isso nos faz querer abrir nossas asas e voar. Essa onda de discernimento avançando para dentro de nós é maravilhosa.

Dessa maneira, experimentar o amor incondicional permite-nos *repousar em nós mesmos e no fluxo maravilhoso de nossa consciência*. Como o irmão David Steindl-Rast descreve, por causa dessa conexão profunda "nós simplesmente sabemos por um momento que tudo é parte de nós porque somos parte de tudo.".

Esse é um dos grandes dons do amor humano, esse ingresso que ele conduz a algo ainda maior do que a relação humana. Ajudando--nos a nos conectarmos à percepção radiante que existe dentro de nós, ele revela nossa beleza e poder naturais, e então formamos uma unidade com a própria vida porque somos totalmente favoráveis a ela. Quando a vida pertence a você e você pertence à vida, isso o liberta da ansiedade e do medo. Você experimenta a dignidade e a nobreza inerentes a sua existência, as quais não dependem da aprovação ou validação de ninguém. Nesse sentido mais amplo de união com a vida, você percebe que não está ferido, nunca esteve ferido e não pode ser ferido.

Essa é a base da existência humana: o amor absoluto nos ajuda a nos conectarmos com quem realmente somos. Por isso ele é indispensável.

Amor relativo
Entretanto, embora o coração humano seja um canal através do qual o grande amor flui para este mundo, esse canal normalmente está obs-

truído por entulhos – comportamentos amedrontados e defensivos que se desenvolveram por não sabermos que somos realmente amados. Como resultado, a condescendência natural do amor – que podemos provar em momentos breves e felizes de autêntica conexão com outra pessoa – raramente permeia nossos relacionamentos por completo. Na verdade, quanto mais duas pessoas se dispõem uma à outra, mais essa ampla abertura também traz à tona todos os obstáculos a ela mesma: as feridas mais profundas e sombrias, o desespero e a desconfiança e os pontos mais vulneráveis a abalos emocionais. Assim como o calor do sol provoca a formação de nuvens ao estimular a terra a liberar sua umidade, a verdadeira condescendência do amor ativa as nuvens espessas de nossa ferida emocional e as regiões limitadas em que nos fechamos, nas quais vivemos sob o domínio do medo, resistindo ao amor.

Há uma boa razão para que isso aconteça: antes de podermos nos tornar um canal limpo através do qual o amor flua livremente, as maneiras como somos feridos devem vir à tona, ser expostas. O amor só pode operar como poder de cura naquilo que se apresenta para ser curado. Enquanto nossa ferida permanecer escondida, a única coisa que pode acontecer a ela é uma infecção.

Esse, então, é o *amor relativo*: a luz do amor absoluto filtrada pelas nuvens de nossa personalidade condicionada e seus comportamentos defensivos – medo, desconfiança, reatividade, desonestidade, agressão e percepção distorcida. Semelhante a um céu parcialmente encoberto, o amor relativo é incompleto, inconstante e imperfeito. É um jogo contínuo de luz e sombra, no qual toda a radiação do amor absoluto só consegue brilhar em momentos fugazes.

Se você se observar intimamente nos relacionamentos, vai ver que o tempo todo se move para frente e para trás entre se dispor e se fechar, entre céus claros e nuvens escuras. Quando a outra pessoa é suscetível, boa ouvinte, ou diz algo agradável, alguma coisa em você naturalmente começa a relaxar. Mas quando ela não é suscetível, não consegue ouvi-lo ou diz algo ameaçador, você pode rapidamente ficar tenso e começar a se retrair.

Nossa capacidade de sentir um *sim* convicto com relação a outra pessoa varia conforme as circunstâncias instáveis de cada momento.

Depende de quanto cada um de nós é capaz de dar e receber, da química que existe entre nós, de nossas limitações e comportamentos condicionados, de quanto progredimos em nosso desenvolvimento pessoal, de quanta consciência e flexibilidade cada um tem, da qualidade de nossa comunicação, da situação em que nos encontramos, e até de quão bem cada um dormiu na noite anterior. *Relativo* significa *dependente do tempo e das circunstâncias.*

O amor humano comum é sempre relativo, nunca consistentemente absoluto. Como o clima, o amor relativo segue um fluxo dinâmico contínuo. Está sempre subindo e descendo, aumentando e diminuindo, mudando de forma e de intensidade.

Até agora, tudo isso pode parecer totalmente óbvio. Mas aqui está a dificuldade: imaginamos que outros – certamente alguém lá longe! – devam ser uma fonte do amor perfeito, amando-nos consistentemente da maneira certa. Uma vez que nossas primeiras experiências de amor geralmente ocorrem em relação a outras pessoas, nós naturalmente passamos a encarar o relacionamento como sua fonte principal. Então, quando os relacionamentos falham em nos proporcionar o amor ideal com o qual sonhamos, imaginamos que algo deu muito errado. E a frustração dessa esperança continua reativando a mágoa do coração e gerando ressentimento contra as pessoas. Por isso, o primeiro passo para a cura da mágoa e a libertação do ressentimento é apreciar a importante diferença entre o amor absoluto e o amor relativo.

No nível mais profundo de nosso ser – a divindade interior que compartilhamos com todos os demais seres – não há separação entre mim e você. Em qualquer momento é possível experimentar a ternura e a receptividade de uma conexão do coração com qualquer criatura viva: um amante, uma criança, um amigo, um estranho que está passando na rua, ou até um cão. Quando apreciamos a beleza de outro ser, o canal do coração se abre e uma centelha do amor absoluto passa através de nós. Nesse momento de conexão não nos sentimos mais tão separados ou isolados. Ficamos encantados em compartilhar a presença terna e adorável que habita no coração de todos.

Mas ao mesmo tempo, no plano relativo, sempre permanecemos desconectados e diferentes. Habitamos corpos separados, com histórias distintas, origens, famílias, traços característicos, valores, preferências, perspectivas e destinos diferentes. Cada um de nós vê e reage às coisas de modo diverso e encara a vida a sua própria maneira.

Sim, podemos experimentar momentos de unidade com o outro. Mas isso só pode acontecer quando conectamos ser-com-ser, porque, no nível do ser puro e da abertura genuína, nós *somos* um. Minha receptividade não é diferente da sua porque a aceitação não tem forma sólida e, portanto, não há limites separando-nos um do outro. Por isso, quando vivenciamos um momento de amor absoluto, *ser-com-ser*, é como água despejada em água.

O amor relativo, em contraste, é um intercâmbio que ocorre no nível da forma, de *pessoa-com-pessoa*. Cada pessoa, assim como cada floco de neve, cada árvore, cada lugar, cada circunstância neste mundo, é completamente distinta. Cada um de nós tem caráter e maneira de se desenvolver próprios, únicos, diferentes dos de todos os outros. Embora duas pessoas possam se perceber como uma só no reino da aceitação genuína, elas permanecem irrevogavelmente duas no reino da forma. Em uma noite você se conecta profundamente com outra pessoa, o que o deixa se sentindo amplamente aberto a ela, totalmente amoroso e enamorado. Mas, na manhã seguinte, embora você ainda se sinta apaixonado, essa receptividade generosa pode se tornar enevoada por considerações que começam a surgir: "É seguro se abrir para essa pessoa?", "Você pode aceitar aquilo em que essa pessoa é totalmente diferente de você?", "Até que ponto ela é capaz de entendê-lo?", "Você é um bom parceiro?".

No amor absoluto, a fusão que gera unidade proporciona momentos de união feliz. E é disso que os grandes romances míticos se alimentam, dessa exposição autêntica e do encontro que com frequência acontece fora do tempo e do espaço usuais. Mas os desafios do amor relativo trazem os casais de volta à Terra, obrigando-os a enfrentar sua dualidade e a lidar com ela. Entretanto, isso não é uma coisa ruim. Porque se os aspectos em que os parceiros são evidentemente diferentes não forem valorizados e se não forem explorados meios de ambos continuarem cruzando as diferenças para conseguirem se encontrar, a conexão de um casal vai perder a paixão e o entusiasmo e correrá o risco de se tornar fusão emocional doentia ou codependência.

AMOR PERFEITO, RELACIONAMENTOS IMPERFEITOS

Por isso, os relacionamentos continuamente oscilam: duas pessoas encontram um território em comum, mas, assim que suas diferenças os impelem para direções distintas, esse espaço desaparece bem debaixo de seus pés. Embora tentem se aproximar no momento presente, elas são lançadas de um lado para outro por ondas instáveis de lembranças, expectativas e mágoas do passado. Essa tensão contínua entre a unidade e a dualidade, a união e a separação, recentes descobertas e antigas associações inevitavelmente torna o amor relativo oscilante e instável.

Isso só é um problema quando esperamos que as coisas sejam diferentes, quando imaginamos que o amor deva se manifestar como uma situação estável. Esse tipo de expectativa nos impede de apreciar a dádiva especial que o amor relativo tem a oferecer: a intimidade pessoal. A intimidade – o compartilhamento de quem nós somos em nossa individualidade – só pode acontecer quando os parceiros se entendem como dois, quando um aprecia os aspectos em que o outro é absolutamente distinto e, de modo paradoxal e simultâneo, não totalmente outro.

Embora o jogo da dualidade e da unidade gere centelhas de curiosidade e paixão, também assegura que a intimidade só pode ser, no melhor dos casos, intermitente. Os momentos íntimos, em que fazemos contato através do grande vão entre nossas diferenças, são exatamente isso – momentos – e não um fluxo constante, estável. Na melhor das hipóteses, o amor relativo tem uma admirável beleza toda própria, que se acentua quando duas pessoas podem apreciar uma à outra, deleitando-se em meio a suas diferenças e às mudanças por que estão passando. No pior dos casos, porém, ele se torna material para novelas e tragédias.

Então, se você está contando com um estado estável de sintonia com outra pessoa, você está se preparando para a frustração, o desapontamento e a angústia, porque esse estado é impossível. Cada pessoa só pode seguir suas próprias leis internas. Como todos têm seu próprio ritmo e sua própria sensibilidade, você nunca pode considerar que os outros estarão consistentemente sintonizados com você. É inevitável sair de sintonia com quem você ama, pois invariavelmente ambos desejam coisas diferentes – do outro e da vida – em momentos diferentes. Como resultado, a harmonia inevitavelmente se transforma em dissonância, e o entendimento, em desentendimento, provocando a mágoa e a separação. Por isso, até mesmo nos casais mais próximos, às vezes os parceiros se sentem mal compreendidos, desconectados ou totalmente sozinhos.

Ainda que alguém quisesse estar perfeitamente sintonizado conosco, tal pessoa seria incapaz de consegui-lo, porque nunca poderia adivinhar precisamente o que queremos a cada momento. Talvez queiramos proximidade exatamente agora, e então a pessoa que nos ama nos abraça, mas poucos minutos depois queremos algum espaço. É muito difícil para nós sabermos o que queremos e o que está se passando em nosso íntimo a cada momento; e, além disso, trata-se de algo que está sempre mudando. Se é assim, como podemos esperar que outra pessoa esteja sistematicamente sintonizada conosco, já que os outros só podem funcionar de acordo com seus próprios – e muito diferentes – ritmos, percepções e necessidades?

Não só cada um de nós tem diferentes necessidades e perspectivas como frequentemente queremos ser amados de um modo muito particular – uma forma que alivie nossa ferida emocional do passado. Mas essa é uma exigência absurda, pois presume que os outros sempre devam moldar seu jeito de amar para corresponder ao nosso. Por exemplo, se você tem medo do abandono, pode pressionar o parceiro para que verbalize seu compromisso com mais frequência do que ele se sente à vontade para fazê-lo. Esse tipo de comprometimento pode ser apaziguador para você, permitindo-lhe saber que o outro está ali a sua disposição. Infelizmente, expectativas assim podem fazer que seu parceiro tema ser sufocado, pois ele pode se sentir controlado quando pressionado a manifestar seu compromisso conforme o ritmo que você estabelece. Ao contrário de você, ele pode se sentir mais amado quando tem espaço para ser ele mesmo. Por isso, se você espera que seu parceiro o ame da maneira certa, isso pode estimular essa pessoa a se retrair, o que por sua vez irá ativar em você o medo do abandono. Apesar de seus melhores esforços, agindo dessa maneira é inevitável que dois parceiros acabem tocando nas feridas um do outro.

Embora ninguém possa proporcionar uma sintonia consistente, não obstante prosseguimos esperando que ela aconteça; enquanto isso não ocorre, responsabilizamos os outros por sua ausência: "Você não me deu o que me era devido.". Como descreve um mestre indiano, Swami Prajnanpad: "Todos passam por essa profunda agonia mental. Por quê? Porque querem ter, mas não conseguem. Acreditam que devem receber e que isso pode ser recebido. Mas, ainda assim, não recebem. Por isso sofrem esses espasmos de agonia.".

A questão aqui é: estamos nós mesmos agindo com amor quando tentamos fazer que os outros nos amem da maneira como achamos que eles deveriam fazê-lo? Essa não é uma forma de controle? É possível que, muitas vezes, as expectativas nos relacionamentos sejam um modo sutil de violência, pois podem ser uma exigência de que os outros se conformem a nossa vontade.

De todas essas maneiras o amor relativo cria um percurso acidentado. Depois de um momento íntimo de comunhão Eu-Tu, inevitavelmente voltamos a encarar aquele que amamos como "o outro", alguém que está "lá" e que se torna o objeto de nossas necessidades, reações ou planos. Buber escreve: "Esta é a proclamada miséria de nosso destino: que todo Tu em nosso mundo se tornará um Isto. [...] A contemplação genuína nunca dura muito tempo [...] e o amor não consegue persistir [em estado puro]. Todo Tu no mundo está condenado a se tornar uma coisa ou a retornar indefinidamente à condição de objeto.". Embora o amor puro possa ser a essência de nosso coração, sua expressão está continuamente sujeita ao condicionamento passado e às condições presentes. Ainda que uma mãe possa amar seu filho incondicionalmente, se ela está tendo um dia ruim ou se de repente ficar perturbada por algo que ele acabou de fazer, pode tratá-lo mal.

Não podemos evitar esse desfecho, essa separação, na qual transformamos a nós mesmos e tudo o que amamos em objeto de nossas esperanças e temores. Por isso, os relacionamentos continuamente se desviam da alegria da comunhão Eu-Tu para a turbulência do gostar e desgostar, concordar e discordar, aproximar e afastar. Seu cônjuge pode ser bom e paciente hoje, mas amanhã toda raiva que nele esteja oculta pode vir à tona. Num momento o amor puro cintila através dos olhos de quem você ama, mas, no momento seguinte, você diz a coisa errada e essa pessoa está olhando furiosa para você.

O amor puro opera no plano absoluto, enquanto o gostar e o desgostar operam em um nível diferente, no plano relativo, pessoal.

Entender que vivemos nesses dois níveis ajuda a aliviar a confusão de sentir algo como "Eu amo você, mas neste exato momento não consigo suportá-lo.". Não podemos evitar gostar daqueles aspectos das outras pessoas que estão em conformidade com nossos gostos e preferências e desgostar das coisas que nos desagradam nelas. Somente em um nível avançado de desenvolvimento espiritual os seres humanos podem se libertar do puxa-empurra do gostar e desgostar. Isso significa que o amor relativo inevitavelmente contém certa quantidade de ambivalência ou de sentimentos mistos.

Por isso, marido e esposa, pai e filho, amiga e amigo nunca mantêm um estado estável de harmonia ou comunhão. Faz parte da natureza das coisas que cada momento de união seja seguido de uma separação. Isso não é uma falha ou erro no projeto – do amor, dos seres humanos ou do universo. Não significa que você ou os outros sejam imperfeitos, ou que a vida é injusta, ou qualquer coisa desse tipo. O ritmo da vida muda sempre em ciclos de altos e baixos, ida e volta, expansão e contração, sinergia e entropia.

A energia se move em ondas, e essas, por definição, têm picos e depressões. Você não pode alcançar o topo sem antes passar pelo vale. A união só pode acontecer quando é antecedida pela separação, e o entendimento, quando é precedido pelo desentendimento.

Na verdade, se o relacionamento não se expandisse nem se retraísse desse jeito, cairia na estagnação e na obrigação, em vez de ser uma dança dinâmica. O amor humano relativo é imperfeito e impermanente, assim como tudo o mais nesta Terra. E a experiência humana é sempre rudimentar, inacabada e confusa. Nada dura. Nada permanece igual. Não há realização definitiva que se mantenha para sempre. Tudo está sujeito à revisão.

Entretanto, quando os deliciosos pontos altos do novo amor são seguidos pelos pontos baixos do conflito e do sofrimento, geralmente encaramos isso como um desastre que não deveria estar acontecendo. Mas se pudermos reconhecer esses infortúnios como as depressões inevitáveis da onda do amor relativo, então o desentendimento e a separação podem mais prontamente se tornar um trampolim para um novo entendimento e uma nova conexão.

Se olharmos honestamente para nossas vidas, muito provavelmente veremos que ninguém jamais esteve disponível a nós de maneira totalmente confiável e contínua. Embora possamos gostar de imaginar que alguém, em algum lugar – talvez os astros de cinema ou as pessoas espiritualizadas –, tenha um relacionamento ideal, essa impressão resulta principalmente de fantasia. Olhando mais de perto, podemos ver que todos têm seus próprios medos, pontos cegos, intenções ocultas, inseguranças, tendências agressivas e manipuladoras e fragilidades emocionais que bloqueiam as vias através das quais o grande amor pode fluir livremente. Por mais que possamos querer amar com um coração puro, nossas limitações inevitavelmente fazem nosso amor oscilar e vacilar.

Entretanto, nosso anseio pelo amor perfeito e pela união perfeita tem seu lugar e sua própria beleza. Derivado de um conhecimento intuitivo da perfeição que está dentro do coração, ele aponta para algo que está além do que os comuns mortais podem, em geral, proporcionar. Ansiamos por curar nossa separação da vida, de Deus, de nosso próprio coração. Quando entendida corretamente, essa busca pode nos inspirar a ir além de nós mesmos, a nos entregarmos de corpo e alma ou a nos dedicarmos à vida do espírito. Essa é uma chave, como veremos, que abre a porta através da qual o amor absoluto pode entrar totalmente em nós.

Porém, invariavelmente enfrentamos problemas quando transferimos esse desejo para outra pessoa. Por isso, é importante distinguir entre amor absoluto e amor relativo – para não buscarmos o amor perfeito em situações imperfeitas. Embora as conexões íntimas possam proporcionar lampejos fascinantes de unidade absoluta, não podemos contar com elas para isso. A única fonte confiável de amor perfeito é aquela que é perfeita – o coração aberto, alerta, bem na essência do ser. Só ele nos permite conhecer a união perfeita pela qual todos nos pertencem porque pertencemos a todos. Esperar isso dos relacionamentos só faz nos sentirmos decepcionados, desalentados ou ressentidos.

A gênese da mágoa

Vagar pelas ondas do relacionamento torna-se particularmente difícil quando as desventuras do desentendimento, da desarmonia ou da separação reativam nossa ferida interior, trazendo à tona antigas frustrações e mágoas da infância. Em nossos primeiros meses de vida, nossos pais muito provavelmente nos deram a maior dose de amor e devoção incondicional de que foram capazes. Fomos tão adoráveis quando bebês que eles provavelmente se sentiram abençoados pelo fato de um ser tão precioso e encantador ter entrado em suas vidas. Então, se fomos suficientemente afortunados por termos uma mãe que pôde cuidar de nós de verdade – uma mãe "suficientemente boa" –, provavelmente tivemos algumas experiências iniciais de como é deleitar-se sob o sol (puro e sem filtros) do amor.

Quando estão envolvidos nos braços amorosos de suas mães, os bebês relaxam no venturoso fluxo de afeição que caracteriza o amor, pois esse sentimento flui livremente através deles, vindo da fonte absoluta de tudo. O cuidado da mãe é a condição externa que permite à criança experimentar o amor e a alegria que são a essência de seu próprio ser. Quando o amor da mãe está presente, o bebê pode se acalmar e sentir-se à vontade em sua própria natureza de ternura e receptividade.

As pesquisas da neuropsicologia revelam que o vínculo entre a mãe e o bebê estimula de várias e importantes maneiras o desenvolvimento da criança. De início, a presença física e o cuidado da mãe ajudam o bebê a aprender a relaxar e a regular seu sistema nervoso. A ligação materna saudável também promove os desenvolvimentos cognitivo, comportamental e somático da criança, além de afetar diretamente o desenvolvimento do cérebro límbico, com sua capacidade de reação interpessoal e emocional. Até mesmo a saúde dos sistemas endócrino e imunológico está correlacionada com a ligação materna inicial ou a ausência dela.

A presença da mãe e a maneira como seu cuidado regula o sistema nervoso dos bebês são experimentadas como algo muito mais tangível e concreto do que a conexão da criança com seu próprio ser. Como o vínculo maternal desempenha um papel crucial em todos os aspectos do desenvolvimento do bebê, não surpreende que as crianças venham a enxergar sua mãe como a fonte legítima do próprio amor e, em algumas partes do mundo, a exemplo da Índia, como algo próximo a uma divindade.

Mas isso também dá origem a uma das mais fundamentais de todas as ilusões humanas: a de que a fonte da felicidade e do bem-estar está fora de nós – na aceitação, na aprovação ou no carinho de outras pessoas. Quando criança, isso realmente acontecia, pois éramos, de início, totalmente dependentes dos outros para viver. Em circunstâncias ideais, o amor dos pais se tornaria, em geral, pouco a pouco internalizado, permitindo-nos sentir nossa própria conexão interna com esse sentimento. Mas quanto menos experiências temos de sermos amados como somos, menos nos sentimos à vontade em nosso próprio coração. Tal situação nos faz buscar nos outros o vínculo mais essencial de todos – a ligação com o senso nato de honra e satisfação que só vem se estivermos enraizados em nós mesmos.

Quando a criança se torna uma pessoa individualizada, aqueles primeiros momentos felizes de unidade com a mãe desaparecem. Não somos mais o pequeno ser fantástico que caiu do espaço sideral. Em vez disso, para nossos pais, nós nos tornamos "seu filho", um objeto de suas esperanças e temores. A aceitação e o apoio deles passam a depender do quanto correspondemos a suas expectativas, o que acaba por dissipar nossa confiança em nós mesmos (a segurança de sermos aceitos como somos), nos outros (a certeza de que eles possam nos notar e nos valorizar por sermos quem somos) e no próprio amor (a garantia de que ele esteja de fato disponível para nós).

Mesmo que no nível mais profundo nossos pais tenham nos amado incondicionalmente, foi impossível para eles expressar esse amor de modo consistente, dadas suas limitações humanas. Isso não foi culpa deles. Não significa que tenham sido maus pais ou más pessoas. Como todos, eles tinham sua parcela de medos, preocupações, inquietações e dificuldades, assim como seu próprio ressentimento com relação ao amor. Da mesma forma que nós, eles eram receptáculos imperfeitos para o amor perfeito.

Ao entrar neste mundo, as crianças naturalmente querem se sentir saudadas por um *sim* incondicional e crescer nesse tipo de ambiente. Isso é perfeitamente compreensível. Mas mesmo que os pais possam, até certo ponto, promover esse ambiente, na maioria das vezes não conseguem mantê-lo. Isso também é perfeitamente compreensível, pois todos têm dificuldade de permanecer abertos e dizer *sim* para si mesmos e para a vida. Ser capaz de manter um *sim* incondicional é uma habilidade humana altamente avançada que em geral só se desenvolve mediante obstinação ou prática espiritual. A inabilidade de nossos pais para serem inteiramente abertos com naturalidade limitou sua capacidade de nos transmitir o amor incondicional.

Quando as crianças experimentam o amor como algo condicional, inconfiável ou manipulador, o medo se instala em seu coração, e acabam concluindo: "Eu não sou realmente amado." Isso cria um estado de pânico ou "perturbação" que faz o corpo e a mente congelarem. Esse primeiro trauma em relação ao amor é conhecido como "dano narcisista", na linguagem da psicoterapia, porque ele danifica nossa autopercepção e a capacidade de nos sentirmos bem conosco mesmos, afetando a compreensão de quem somos, fazendo-nos questionar se nossa natureza é digna de ser amada. Em um de seus poemas, Emily Dickinson descreve essa mágoa universal do seguinte modo: "Há uma dor tão absoluta que ela traga o Ser.".

Essa ferida dói tanto que as crianças tentam expulsá-la da consciência. Por fim, forma-se uma cicatriz psíquica, que é o ressentimento. Quando dirigido contra os outros, o ressentimento tem uma função defensiva, endurecendo-nos a fim de não experimentarmos a dor subjacente de não nos sentirmos totalmente amados. E assim nós crescemos com um ego isolado, desconectado, em cujo âmago há angústia, perturbação e bloqueio, tudo isso coberto por certo ressentimento, que se torna uma arma importante em nosso arsenal de defesa.

O que impede a ferida de se curar é não sabermos que somos admiráveis e dignos de amor por sermos quem somos, embora imaginemos que outras pessoas tenham a solução para isso. Gostaríamos, e com frequência esperamos, que o amor humano relativo seja absoluto e ofereça um fluxo confiável e incessante de sintonia, aceitação incondicional e compreensão. Quando isso não acontece, nós consideramos a situação algo pessoal, como sendo culpa de alguém – culpa nossa, por não sermos suficientemente bons, ou dos outros, por não nos amarem o bastante. Mas a maneira imperfeita segundo a qual nossos pais – ou qualquer outra pessoa – nos amaram não tem nada a ver com o fato de o amor ser confiável ou de sermos dignos dele. *Isso não tem a menor influência sobre quem realmente somos.* É simplesmente um sinal de limitação humana comum, e nada mais. As outras pessoas não conseguem nos amar mais genuinamente do que o que sua estrutura de caráter lhes permite.

Buscando a fonte do amor

Felizmente, o ímpeto de nossos relacionamentos não diminui ou destrói a presença inabalável do grande amor, o amor absoluto, que está sempre presente em segundo plano. Mesmo quando o céu está repleto de nuvens espessas e escuras, o sol nunca para de brilhar.

É claro que não é assim que ele geralmente se manifesta. A presença radiante do amor muitas vezes parece perdida atrás de nuvens de mágoa, desentendimento, desencantamento e decepção. Embora o sol seja infinitamente mais poderoso do que qualquer nuvem, o céu nublado consegue temporariamente bloquear seus raios ardentes. Essa é uma verdade relativa – é o modo como o ego vê as coisas quando está desconectado de seu fundamento natural, do território de receptividade e presença amorosa. A verdade maior, absoluta, é que o sol nunca desvanece ou vacila. Ele só *parece* hesitar quando as nuvens passam diante de sua face.

Por isso, convém olhar mais de perto e verificar o que realmente acontece dentro de nós quando nos sentimos amados pelos outros. Anna, uma mulher de meia-idade a quem eu atendia em terapia, estava obcecada para obter a aprovação e a admiração das outras pessoas – tanto que literalmente conseguia adoecer se esforçando e lutando para obter o reconhecimento dos outros, ao mesmo tempo que se preocupava com a possibilidade de perder a estima das pessoas. Certo dia, perguntei-lhe o que realmente acontecia em seu corpo nos momentos em que ela conseguia receber aprovação ou elogios.

– Eu me sinto ótima – respondeu.

– E como isso repercute em seu corpo? Tente explicar.

– Eu relaxo. De alguma forma, eu me sinto maior – disse ela, erguendo e esticando os cotovelos atrás da cabeça.

– Em que lugar de seu corpo você sente que esse relaxamento e essa expansão são mais fortes?

– Bem aqui – respondeu ela, baixando os braços e fazendo um círculo com uma das mãos no centro de seu peito.

– Em seu coração.

– Sim.

– Então, quando alguém aprecia você, isso lhe permite sentir seu próprio coração.

– Isso mesmo – disse com um sorriso bem largo.

– Seu coração se abre.

– Sim.

– Pense sobre isso por um minuto. Você se destrói tentando conseguir aprovação e, quando finalmente a consegue, experimenta seu coração se abrindo e expandindo. Embora esteja concentrada em obter algo que venha de fora de você, é essa experiência interna que a faz se sentir bem. Então, parece que o que você realmente mais deseja é sentir seu próprio coração.

Considerando que em nosso trabalho juntos Anna já havia tido alguns poderosos vislumbres da sensibilidade de seu coração, ela entendeu tudo imediatamente.

– Nunca percebi isso antes.

Anna fez uma pequena pausa e em seguida perguntou depressa:

– Como posso me agarrar a esse sentimento?

Visto que essa era uma percepção nova, ela temia perdê-la logo em seguida, o que a faria cair na antiga compulsão de descobrir, por intermédio dos outros, sua capacidade de ser amada. Como sua família não lhe havia proporcionado um ambiente acolhedor onde ela pudesse relaxar e confiar no amor, muito cedo Anna aprendeu que só conseguia obter o que precisava se tentasse agradar os outros. Desenvolveu-se precocemente nela uma personalidade ambiciosa e empreendedora que suplantou seu coração de menina. Abandonando seu coração, ela começou a viver de sua mente ocupada e excessivamente ativa. Por isso, não surpreendeu o fato de, no momento em que sentiu seu coração, Anna começar a tentar descobrir como se agarrar a ele com a ajuda de sua mente.

Então, encorajei-a a deixar aquela percepção se aprofundar – a compreensão de que o que ela mais queria era a ternura expansiva e a receptividade de seu coração, e que ganhar a aprovação dos outros era simplesmente uma maneira de atingir esse objetivo. Aprender a reconhecer esse anseio por seu próprio coração ajudou-a a começar a deslocar sua tendência de captar o amor fora de si para buscar o amor dentro de seu próprio ser.

Da mesma forma, você pode reservar um momento para perceber de que modo o fato de sentir-se amado lhe permite conectar-se com algo rico e poderoso dentro de si mesmo. Quando uma pessoa lhe demonstra amor, ela não está lhe entregando algo. O que realmente acontece é que se abre uma janela dentro de você, permitindo que um grande amor entre e toque-o. A condescendência do outro estimula a janela de seu coração a se abrir, e então o amor se torna disponível *como experiência interior própria*. É isso que o motiva — essa sensação de ternura expansiva iluminando-o de dentro para fora. Ao sentir isso, você naturalmente se harmoniza com a pessoa que o está amando, pois ambos compartilham a mesma experiência.

Inversamente, se a pessoa que o ama demonstra afeto em um momento em que você está com o coração carregado de preocupações, oprimido pelo medo ou "congelado", você provavelmente não conseguirá *sentir* o amor que vem dela. Porque o amor só pode tocar em você quando seu coração está acessível. Ser amado, então, é *estar* em amor. Em uma de suas canções, o músico Miten descreve essa experiência de habitar o coração:

> Você me deu o maior presente:
> Fez do meu coração o meu lar.

Os problemas nos relacionamentos começam quando imaginamos que a afetuosidade despertada em nosso coração não é realmente nossa, que ela é transferida para nós pela outra pessoa. Então ficamos obcecados pelo outro como se ele fosse o provedor do amor, quando na verdade a afeição que sentimos vem da luz do grande amor entrando em nosso coração.

"Aqueles que saem em busca do amor", escreveu D. H. Lawrence, "só encontram sua própria falta de amor". Eis um jeito simples de experimentar por si mesmo o que Lawrence quis dizer com isso. Fixe sua atenção em alguém que você gostaria que o amasse mais e observe como se sente ao desejar isso. Se você examinar atentamente, vai perceber que buscar o amor no outro cria certa tensão ou pressão em seu corpo, mais perceptivelmente no peito. É algo que comprime o coração. E, como resultado, você sente sua própria falta de amor.

Nenhuma outra pessoa pode jamais suscitar a conexão que finalmente proporciona paz a sua alma. Encontramos essa conexão quando a janela de nosso coração se abre, permitindo que nos deleitemos na ternura e na afeição que são nossa natureza mais profunda. Quando buscamos esse esteio em outras pessoas, terminamos tentando controlá-las e manipulá-las para estarem a nossa disposição de modo que isso permita nos sentirmos à vontade conosco mesmos. Mas esse próprio intuito de tentar obter algo dos outros nos impede de repousar em nós mesmos, deixando-nos externamente dependentes e internamente desconectados.

Imaginar que as pessoas são a fonte do amor nos condena a vagar perdidos no deserto da mágoa, do abandono e da decepção, onde o relacionamento humano parece ser irremediavelmente trágico e imperfeito. Mas há uma certa dádiva oculta nesses revezes. O sofrimento causado pelos outros nos obriga a ir mais fundo na busca da verdadeira fonte de amor. Se as pessoas fossem veículos perfeitos para o amor absoluto, facilmente acabaríamos viciados nelas como se fossem a fonte suprema de satisfação. Tornando-nos totalmente dependentes dos outros, não teríamos incentivo para encontrar o grande amor que está perfeitamente presente em nossa essência. Permaneceríamos presos a uma mentalidade infantil, buscando alguém que nos desse o que não recebemos quando éramos crianças.

Enquanto nos fixarmos no que nossos pais não nos deram, nos aspectos em que nossos amigos não se mostram para nós de modo consistente, ou nas situações em que a pessoa que amamos não nos entende, jamais conseguiremos nos enraizar em nós mesmos e curar a ferida do coração. Crescer para além da dependência infantil requer que mergulhemos nossa própria raiz central na fonte do grande amor. Essa é a única maneira de saber com certeza que somos amados incondicionalmente.

Ao enfatizar a importância de não buscar o amor perfeito em outras pessoas, não estou sugerindo que você se desligue dos relacionamentos ou reduza a importância deles. Ao contrário, aprender a mergulhar sua própria raiz na fonte do amor lhe permite conectar-se com os outros de maneira mais poderosa – "vertical", certamente arraigada em si mesmo, em vez de estar inclinada, como se tentasse conseguir algo de "fora dali". Quanto menos você exige satisfação total nos relacionamentos, mais pode apreciá-los pelas belas tapeçarias que são, em que o absoluto e o relativo, o perfeito e o imperfeito, o infinito e o finito estão maravilhosamente entrelaçados. Você pode parar de combater as marés instáveis do amor relativo e, em vez disso, aprender a navegar nelas para, então, apreciar mais plenamente o heroísmo simples e comum que o ato de abrir-se para outra pessoa e gerar uma verdadeira intimidade implica.

Também não estou sugerindo que seja impossível incorporar o amor absoluto e incondicional em nossos relacionamentos, pois essa capacidade de dedicação abnegada é certamente o maior e mais sagrado de todos os potenciais humanos. Mas, em geral, o fluxo livre de amor entre dois parceiros íntimos é, na melhor das hipóteses, intermitente, pois inevitavelmente convida as mágoas a se apresentarem à consciência. Quando isso acontece e nos vemos lançados nas ondas tempestuosas do amor relativo, pode ser muito desafiador continuar obtendo o amor puro que vislumbramos em momentos de autêntica receptividade.

Talvez só os santos e os budas iluminados possam ser instrumentos perfeitos através dos quais o amor absoluto flui livremente. Manifestando-se como uma disposição total e incondicional a tudo o que a vida proporciona, o despertar espiritual permite que o coração se torne um canal perfeitamente desobstruído, o que possibilita que a pessoa desperta continue se doando, mesmo que o mundo não lhe dê nada em troca. Arnaud Desjardins, cineasta e professor francês de assuntos espirituais, cuja jornada começou com a produção de filmes biográficos dos grandes mestres do Oriente, buscou, durante a maior parte de sua vida, o amor perfeito que o libertaria. Finalmente o encontrou, mas em um lugar inesperado. Não onde ele o buscava originalmente – nos braços de mulheres jovens –, mas aos pés de homens idosos – os sábios em cuja companhia ele se deteve.

Amando nossa humanidade

Embora talvez só os santos e os budas incorporem completamente o amor absoluto, cada momento em que lidamos com os desafios do amor humano relativo traz um indício dessa possibilidade divina em nossa vida. Como filho do céu e da terra, você é um misto de abertura infinita e limitação finita. Isso significa que você é ao mesmo tempo maravilhoso e complicado. Você é falho, está preso a antigos padrões, perde o controle de si mesmo. Na verdade, sob vários aspectos, você é totalmente incompreensível. *Ainda assim*, é extremamente belo. Porque o cerne do que você é está moldado no amor, essa mistura potente de abertura, afeição e presença clara e transparente. O amor ilimitado sempre consegue, de alguma maneira, brilhar através de sua forma limitada.

George Orwell certa vez escreveu que a essência de ser humano não está na busca da perfeição, mas em estar "preparado para, no final, ser derrotado e destruído pela vida, pois esse é o preço inevitável de vincular o próprio amor a outros indivíduos humanos", que são tão incompreensíveis quanto nós. Orwell estava, evidentemente, descrevendo a qualidade pungente e inconstante do amor relativo. Os relacionamentos humanos com frequência aparentam ser totalmente impossíveis porque parecem nunca se adequar a nossos ideais e expectativas. Eles repetidamente nos obrigam a enfrentar a mágoa e a derrota, até que finalmente a única alternativa é nos deixarmos ser destruídos, para então vivermos de modo mais aberto e amoroso diante da vida como ela é.

Fazer o amor absoluto tomar forma humana implica aprender a abrigar nossa própria incompreensibilidade e também a dos outros, assim como o céu abriga nuvens – com amplitude e equanimidade sutis. O céu pode fazer isso porque está muito mais exposto do que as nuvens, as quais não considera nem um pouco ameaçadoras. Assumir nossas imperfeições dessa maneira nos permite vê-las como indícios daquilo que de fato somos, ou seja, inconclusos, em vez de considerá-las impedimentos ao amor ou à felicidade. Então, podemos dizer: "Sim, todos têm fraquezas relativas que causam sofrimento, mas todos também têm a beleza absoluta, que supera muito essas limitações. Vamos derreter os espaços congelados e temidos, mantendo-os no calor da ternura e da misericórdia.".

Em seu livro *As obras do amor*, o filósofo dinamarquês Søren Kierkegaard nos indica que o verdadeiro amor não abraça os outros *apesar de* suas falhas, como se estivesse acima delas. Ao contrário, encontra "o outro digno de ser amado apesar de *e com* suas fraquezas, seus erros e suas imperfeições. [...] Você não deve se afastar de seu amado ou tornar o relacionamento mais frio só por causa dos pontos fracos dessa pessoa; ao contrário, vocês dois devem se unir com maior solidariedade e intimidade para pôr fim a esses inconvenientes.".

O mesmo é verdade quanto a amar a si mesmo. Quando você reconhece que a beleza absoluta que há dentro de si não pode ser maculada por suas falhas, então, essa criatura bela que você é pode começar a cuidar da fera que às vezes parece ser. O toque da beleza começa a enfraquecer as defesas tortas da ferocidade.

Desse modo, você começa a descobrir que a bela e a fera andam de mãos dadas. A fera é, na verdade, nada mais do que a beleza ferida. É a beleza que perdeu a fé em si mesma porque nunca foi totalmente reconhecida. Não confiar que você é amado ou digno de ser amado dá origem a todas as reações mais bestialmente emocionais – raiva, arrogância, ódio, ciúme, mesquinhez, depressão, insegurança, vínculo exagerado, medo da perda e do abandono.

Embora a fera tenha um poder limitado – de dizer *não* e de se fechar na autodefesa – ela é desprovida de um poder muito maior, a capacidade de dizer *sim*. Assim como a graça da bailarina está em ser maleável e em inclinar-se e mover-se a cada pulsação da música, também é dessa forma que nossa beleza se revela – em nossa capacidade de nos abrirmos para a realidade e enfrentarmos os fluxos da vida, os quais mudam abruptamente. A fera ferida é apenas a interrupção dessa maravilhosa capacidade de agir com graça e flexibilidade.

O primeiro passo para libertar a fera de sua carga é reconhecer a dureza que há no coração. Depois, espreitando atrás dessa barreira, podemos encontrar a região ferida e isolada que há em nós mesmos, na qual reside o clima de desamor. Se conseguirmos adentrar esse lugar graciosamente, sem julgamento ou rejeição (os Capítulos 3 e 4 vão lhe demonstrar concretamente como fazer isso), revelaremos a grande ternura que reside bem no cerne de nossa humanidade.

A bela e a fera que existem em nós surgem da mesma afeição. Quando nos endurecemos contra a ternura, surge a fera. Mas quando nos rendemos à afetuosidade, começamos a discernir os contornos de uma beleza há muito perdida, oculta dentro do ventre da fera. Se conseguirmos fazer o afeto e a condescendência brilharem no escuro, na zona de fragilidade em que não sabemos se somos dignos de amor, isso começa a forjar um casamento entre a bela e a fera ferida que abrigamos.

Esse é, afinal, o amor que mais ansiamos – esse ato de assumir nossa humanidade, o qual nos permite nos apreciarmos como os seres belos e luminosos que somos, contidos em uma forma vulnerável e vacilante cuja eterna missão é transformar-se de crisálida em borboleta, de embrião em recém-nascido. Na qualidade de criaturas terrenas que continuamente se submetem à dor, à perda e ao desapontamento relativos, não conseguimos deixar de nos sentir vulneráveis. Mas na condição de canal aberto através do qual o grande amor entra neste mundo, o coração humano permanece invencível. Ser total e genuinamente humano significa estar firmemente plantado nas duas dimensões, celebrando que somos ao mesmo tempo vulneráveis e indestrutíveis.

Aqui nessa encruzilhada onde o *sim* e o *não*, o amor sem limites e a limitação humana se encontram, descobrimos a missão humana primordial, que progressivamente revela o sol que há em nosso coração, de modo que tudo o que há em nós e toda a criação possam ser envolvidos na esfera de seu calor radiante. Esse amor está inteiramente unido ao verdadeiro poder, pois, como escreveu o grande poeta sufi Rumi:

> Quando tivermos nos rendido totalmente a essa beleza,
> então nos tornaremos em afetuosidade poderosa.

O CLIMA DE RESSENTIMENTO

Quem é infeliz?
Aquele que encontra defeito.
ANÔNIMO

O elemento mais destrutivo nos relacionamentos humanos é o impulso de ver as outras pessoas como más ou erradas e, então, julgá-las, rejeitá-las e puni-las por isso. As consequências trágicas dessa atitude podem ser vistas em toda parte: nas brigas dentro dos casamentos, das famílias e das organizações, nas guerras entre as nações e nos constantes conflitos entre pessoas que são incapazes de aceitar as diferenças umas das outras. Os longos conflitos no Oriente Médio têm essa característica; neles, a intensidade dos rancores e o impulso de retaliar desenvolveram uma dinâmica que continua avançando para muito além do ponto em que qualquer dos envolvidos seria beneficiado.

O homem-bomba expressa a atitude mental de ressentimento de uma maneira especialmente intensa. A maioria de nós provavelmente acha difícil entender como alguém pode valorizar tão pouco sua vida a ponto de dispor-se a explodir a si mesmo para se vingar daqueles que o prejudicaram ou causaram dano a seu povo. Mas, se observarmos mais de perto, poderemos encontrar os ingredientes de um homem-bomba dentro de cada um de nós.

Cultivar um ressentimento – tratar nosso parceiro íntimo como alguém de quem devemos nos vingar, ou nos ressentirmos do modo inadequado pelo qual a vida ou as outras pessoas nos têm tratado – é uma atitude autodestrutiva. Pois, quando desejamos ferir ou rejeitar alguém ou algo de que nos ressentimos, terminamos, ao mesmo tempo, ferindo ou rejeitando a nós mesmos. Isso é fácil de verificar: simplesmente observe como todo o seu corpo se enrijece e se contrai quando você abriga algo contra alguém. Quando você faz isso, está destruindo sua própria vida – o entusiasmo, a receptividade e a afeição que são sua seiva vital. Portanto, ver o outro como mau à custa de nos sentirmos bem é optar pela morte em vez de escolher a vida, assim como faz o homem-bomba.

Esse é um dos fenômenos mais notáveis que observo ao trabalhar com casais: eles geralmente têm muito mais energia para considerar um ao outro errado do que para acertar as coisas entre si. Com frequência fazem um enorme investimento em sua queixa: "Você fez isso comigo", "Você disse isso para mim", "Você me ofendeu". Algumas pessoas ficam tão profundamente apegadas a seu ressentimento que estão dispostas a romper o relacionamento e pôr fim a sua própria felicidade apenas para provar que seu parceiro está errado e elas estão certas.

O ressentimento em ação

Dan e Nancy eram um caso típico. Após cinco anos de casamento, Nancy reuniu uma enorme quantidade de ressentimentos contra Dan, com base em sua mágoa por não se sentir completamente amada. Dan certamente não era o amante nem o marido mais caloroso, mas Nancy também parecia extrair um prazer perverso em lançar contra o esposo os delitos de omissão e os desacertos por ele cometidos. Era como se ela mantivesse um registro contínuo e estivesse o tempo todo dizendo: "Veja, aí vai você de novo. Acabou de me provar mais uma vez que realmente não me ama. Se de fato me amasse, prestaria mais atenção em mim... ouviria mais atentamente o que digo... telefonaria para mim... pediria desculpas... trataria sua esposa com mais consideração em público... não olharia para nenhuma outra mulher quando estivesse comigo... não levantaria sua voz...".

Para Dan, a lista de ressentimentos de Nancy parecia infinita. Toda vez que ele fazia algo que produzisse uma nova evidência de que "realmente não a amava", Nancy sacava sua lista para registrar o caso. Dan achava que não tinha nenhuma chance, porque toda vez que ele fazia alguma coisa "certa", isso nunca poderia compensar a longa lista de seus erros registrados. Então, pouco a pouco foi perdendo o interesse em tentar. Embora certamente tivesse dificuldade para ficar atento às necessidades dos outros, ele se importava com Nancy e queria fazê-la feliz. Mas devido à frustração de nunca conseguir ser capaz de fazer o bastante por ela, ele se conformou à ideia de que Nancy era simplesmente incorrigível.

Quando esse casal veio pela primeira vez ao meu consultório, eram como dois promotores tentando provar quanto o outro estava errado. Nancy estava firme em seu ressentimento, enquanto Dan estava convencido de sua queixa de que Nancy jamais seria feliz com ele, não importando o quanto ele se esforçasse. Como a maior parte da energia relacional de ambos estava investida na batalha entre suas posturas rancorosas, havia pouca energia reservada para tentar um movimento em nova direção. Esse tipo de comportamento é comum nos casamentos e em relacionamentos prolongados.

Alguns argumentariam que essa amargura antagônica revela que os seres humanos são basicamente agressivos, ou que a guerra é mais significativa do que o amor nas relações humanas. Mas vejo isso de outra maneira. Assim como um punho fechado só é possível devido à mão aberta que o precede, a guerra e a agressão não são primárias, mas um retraimento de nossa receptividade mais elementar. Elas são o que fazemos quando nos sentimos feridos ou inseguros, ou seja, removidos do amor. Similarmente, assim como o céu pode exibir nuvens mas essas não podem abarcar a vasta imensidão do céu, o amor é maior que o ódio, porque aquele pode abraçar esse, mas o inverso não é verdadeiro. Se o amor pode existir sem o ódio, o ódio só existe por causa do amor, isto é, como um sintoma doloroso de nosso distanciamento do amor.

Assim, se o amor é primário, por que a guerra é tão proeminente nos relacionamentos humanos e nas questões do mundo? A resposta está no esvaziamento causado pelo fenômeno do ressentimento. O ressentimento é o elo perdido que liga o amor à guerra: a paz degenera em guerra e a lua de mel conduz ao divórcio devido ao ressurgimento de antigos ressentimentos.

Revelando o ressentimento

A maioria de nós não tem consciência do quanto estamos envolvidos no ressentimento e até que ponto ele governa nossa vida. Para acertar as coisas neste mundo e permitir que o amor ocupe seu lugar de direito no centro de nossa vida, precisamos trazer o clima de ressentimento à plena luz da consciência. Precisamos reconhecer o quanto nos apegamos aos rancores – e entender por que fazemos isso. Precisamos ver como o ressentimento funciona e a que função ele serve. Dessa maneira, começamos a revelar nosso rancor, abrindo o canto apertado e escuro que ele ocupa dentro de nós. Fazendo assim, passamos a remover a sujeira que se acumulou na janela do coração, para que a luz clara do amor possa adentrá-lo mais completamente.

Todo ressentimento tem suas raízes em antigas mágoas, por não sermos totalmente amados, e na frustração, por não conseguirmos fazer nada a respeito disso. Uma vez estabelecidas, essa mágoa e essa frustração se transformam em um vírus oculto que permanece dormente em nosso sistema nervoso, pronto para se inflamar assim que alguém nos olhar da maneira inconveniente. É isso que desencadeia todas as erupções emocionais que afligem nossos relacionamentos.

Então, em vez de concluir que os seres humanos são naturalmente beligerantes, precisamos entender exatamente por que somos apegados a esses antigos ressentimentos subjacentes a todos os nossos atos de agressão. O que está claro é que manter na mente o que nos magoou no passado é um mecanismo de sobrevivência, uma maneira de tentarmos nos certificar de que isso não vai nos atingir de novo se mantivermos a guarda aberta. Abrigar o ressentimento na mente é como manter uma sentinela em tempo integral, com a função de vigiar as ameaças emocionais provenientes das outras pessoas. Dizendo de forma mais simples, não queremos ser magoados de novo, como fomos antes, muito tempo atrás.

Na maior parte do tempo a sentinela realiza calmamente sua patrulha, e nem percebemos que ela está em ação. Mas quando alguém cruza nosso caminho, menospreza ou ignora quem somos, ou nos magoa, soa o alarme. Ao percorrer nosso sistema nervoso, esse alarme desencadeia uma onda de emoção reprimida. E então fazemos uma manobra agressiva ou defensiva – raiva, acusação, agressão, retraimento ou fuga – para nos defendermos dessa ameaça.

Um sintoma menos dramático e mais recorrente do ressentimento em ação é nossa tendência perpétua para julgar as outras pessoas. Você já percebeu quantos pensamentos de julgamento ou crítica passam por sua mente a cada hora do dia? Em geral é difícil ter consciência de quantos julgamentos fazemos dos outros, a menos que desaceleremos e observemos nossa mente com mais atenção. As primeiras palavras proferidas por uma jovem de dezoito anos, minha conhecida, ao concluir seu primeiro retiro de meditação silenciosa foram: "Eu nunca havia percebido como sou crítica!".

Por que todos esses pensamentos arbitrários? Estar sempre julgando os outros é uma maneira de nos sentirmos superiores, colocando-nos acima deles. Mas por que precisaríamos nos sentir superiores a não ser pela razão de, no fundo, nós também nos sentirmos inferiores e tentarmos compensar isso? Julgar os outros permite-me achar que estou certo e acima deles, o que me protege de sofrer suas críticas e de experimentar a autorrejeição. Ao julgá-los, neutralizo seu poder sobre mim. Então, mais uma vez vemos a ferida em ação: julgar e condenar os outros é uma tentativa de evitar experimentar o sofrimento e o medo de não se sentir amado.

Por isso, nossos pensamentos críticos chegam como juros automáticos que continuamente recebemos sobre nossos investimentos no ressentimento. Infelizmente, eles nos impedem de atuar no tempo presente, a única ocasião em que o amor e a felicidade reais podem acontecer. A mente que rastreia o ambiente em busca de ameaças, insultos e coisas de que não gostamos nos mantém irritados e tensos, impedindo-nos de nos abrir e deixar o amor entrar.

O outro ruim

Um passo importante para nossa libertação dos grilhões do ressentimento é reconhecer o eixo que o mantém no lugar: *a fixação no "outro ruim"*, a saber, nossa imagem interna daquele que não nos ama e não nos trata bem. Ela pode ser vista atuando em nossa tendência de estar à espreita das coisas ruins que são dirigidas a nós. A menos que consigamos trazer essa imagem interna para nossa consciência e ver até que ponto nos concentramos nas outras pessoas como potenciais ameaças, tal tendência vai operar inconscientemente, envenenando para sempre nossas relações com os outros.

Vamos examinar como a imagem do outro ruim se forma em nossa mente. Quando éramos crianças pequenas, dependíamos totalmente de nossos pais. Ao recebermos o carinho materno, formávamos dentro de nós a percepção da "boa mãe". Mas como nenhuma mãe pode ficar ininterrupta e totalmente sintonizada em seu filho, também temos experiências de mágoas, frustrações e negligências provocadas por nossas mães.

Os filhos pequenos não conseguem entender como um pai ou uma mãe pode num minuto ser "bom", uma fonte de prazer e felicidade, e no minuto seguinte ser "ruim", uma fonte de sofrimento e frustração. É preciso ter muita maturidade para se construir um quadro harmônico e refinado das outras pessoas, que inclua tanto suas qualidades agradáveis quanto as desagradáveis. Se as crianças tivessem essa maturidade, poderiam conseguir dizer para si mesmas: "Estou me sentindo negligenciada agora, mas posso perceber que minha mãe está passando por um momento difícil. Está sobrecarregada e pressionada. Ela tem uma vida dura, e ter um filho pequeno está trazendo à tona suas próprias necessidades e conflitos não resolvidos. Portanto, o fato de ela não poder me dar atenção agora não significa que haja qualquer coisa de ruim nela ou em mim.". Se as crianças fossem capazes desse tipo de entendimento, os psicoterapeutas não seriam necessários!

Uma vez que as crianças pequenas são totalmente dependentes de seus pais, elas precisam vê-los como bons. Ver os pais como pessoas ruins corroeria a sensação que a criança tem de estar segura e protegida. Por isso, as crianças em geral removem de sua consciência a experiência com a mãe frustradora e agressiva, transferindo-a para a sombra da inconsciência (de onde ela emerge em histórias de fadas como a bruxa malvada ou a madrasta má, ou, do lado masculino, o ogro ou o gigante malévolo). É assim que as crianças protegem sua conexão com a boa mãe – aquela que oferece cuidado e alimento – e mantêm seu equilíbrio.

Mas quando algum aspecto de nossa experiência cai no inconsciente, ele assume vida própria, crescendo no escuro como o bolor que se espalha silenciosamente em um porão. Assim, a sensação reprimida da frustração ou negligência do pai ou da mãe finalmente floresce em uma vivência mais generalizada do *outro ruim* – o outro que não consegue amá-lo como você é, que ameaça magoá-lo ou decepcioná-lo e, por isso, não é confiável. Dessa maneira, o outro ruim assume residência fixa nas sombras da mente.

Isso explica uma das experiências mais perturbadoras e desconcertantes que afloram nos relacionamentos íntimos: em um momento dois amantes conseguem se sentir gentis e amorosos e, de repente, com a troca de algumas poucas palavras, podem estar pulando no pescoço um do outro. Como o brilho da lua de mel do novo amor se dissolve tão rapidamente em aspereza e recriminação mútuas? Como duas pessoas que dizem se amar mais do que a qualquer outra pessoa no mundo se tornam oponentes tão rápido, reagindo com agressão violenta ou medo, como se fossem os piores inimigos? Essa inimizade instantânea tem levado muitos amantes a ponderar se ele(a) se tornou absolutamente inflexível, totalmente louco(a) ou se seu(sua) amado(a) é realmente capaz de repentinamente se tornar um monstro. O que é ainda mais difícil de entender é que esses ataques de raiva repentinos normalmente são desencadeados pelos incidentes mais banais, como o fato de o parceiro ter chegado em casa dez minutos atrasado, por exemplo.

Essas explosões de furor e censura ocorrem quando a imagem do outro ruim e suas terríveis associações de repente emergem à consciência e se projetam na pessoa que amamos. É como se nossa sentinela em tempo integral mantivesse um cartaz do "criminoso mais procurado" afixado na parede e continuamente rastreasse o ambiente em busca de sinais desse vilão. Então, quando nosso parceiro age, fala ou nos trata de uma maneira que – ainda que levemente – se ajuste a esse perfil, isso desencadeia uma sensação de perigo profundamente submergida, e passamos a brigar por tudo aquilo que achamos que vale a pena.

Subitamente, vemos as pessoas que apreciamos como a incorporação viva de todos os que têm nos magoado e rejeitado: "Eu sabia que nunca deveria ter confiado em você. Você é igual a todo o resto. Vou lhe mostrar que você não pode me tratar assim.". E, pior ainda, quando retaliamos com censura ou agressão, isso aciona o alarme de nosso parceiro. Ele então reage a nós com defesa ou agressão, o que justifica ainda mais nossa noção do outro ruim. E, a partir daí, o conflito se agrava.

Uma mulher teve um dia estressante no trabalho e, naquela noite, ocorreu de seu amado abordá-la de modo extremamente pesado. Pelo fato de ela não reagir da maneira como ele esperava, ele a encara como uma incorporação de todas as pessoas apáticas de sua vida, a começar por sua mãe, que sempre esteve preocupada demais consigo mesma para mostrar interesse por ele. Então, ele de repente fica frio e diz algo desagradável. É tão arrastado pela emoção reativa que sequer percebe que não está realmente vendo sua parceira; em vez disso, projeta nela uma imagem do outro ruim, baseada em sua antiga ferida. Na verdade, ela pode gostar profundamente dele e do potencial de intimidade que ambos compartilham. Mas ele não consegue enxergar isso nesse exato momento porque a antiga figura do outro ruim está ocupando a tela de sua consciência.

A violência no trânsito é outro exemplo comum de como antigos ressentimentos contra o outro ruim podem aflorar num instante. Senão, por que diferente razão pessoas absolutamente agradáveis de repente se transformam em monstros diante de um volante? O motorista desconhecido que entra a sua frente representa toda a gente que não tratou você com carinho ou delicadeza. E quando você dispara a buzina ou grita obscenidades, quer dizer a essa pessoa que você não vai mais suportar isso.

Um terapeuta que conheço contou uma história engraçada ocorrida enquanto dirigia seu carro para o trabalho. Já no estacionamento, ele ocupou o lugar que outro motorista, vindo da direção contrária, havia pretendido ocupar. Esse outro motorista começou a buzinar freneticamente e depois se inclinou na janela e fez um gesto obsceno, mas de repente viu que a pessoa com quem ele estava gritando era seu terapeuta. É desnecessário dizer que eles tiveram uma sessão interessante naquela tarde.

A guerra moderna, como a violência no trânsito, é outro meio para o ressurgimento de antigos ressentimentos originados do fato de se sentir maltratado. Especialmente quando a guerra é travada com tecnologia, com pouco contato de pessoa para pessoa, torna-se fácil projetar o outro ruim em um inimigo que não tem rosto. Demonizando o inimigo, a guerra invoca o habitual apoio da mentalidade ressentida que está latente na população em geral. O que está por baixo de toda a retórica da guerra é: "Eu não me sinto importante; não me acho adequadamente reconhecido, honrado ou respeitado. Não tenho recebido o que me é devido. Estou zangado por causa disso e vou mostrar a esses bastardos que eles não podem me intimidar.". Na beligerância contra outras nações, um povo pode usar bombas e mísseis para compensar uma sensação profunda de impotência, desamparo e frustração, sensação essa cuja origem está enraizada na ferida do coração.

Nos relacionamentos pessoais, as imagens do outro ruim presentes no subconsciente fazem que as pessoas enfatizem os aspectos (e a eles reajam exageradamente) em que seu parceiro não está sintonizado com elas, ao mesmo tempo que minimizam ou negligenciam os quesitos em que o outro as ama ou se preocupa com elas. É comum que o parceiro ressentido tenda a se queixar, enquanto o parceiro intimidado costuma se retrair para se proteger do ataque. Era isso o que estava acontecendo com Dan e Nancy.

Após anos se defendendo das queixas de Nancy de que ele não a amava, Dan aprendeu em nosso trabalho juntos a ser mais explícito, mais atento e disponível a ela. Testemunhei isso inúmeras vezes – o parceiro retraído finalmente se apresentando para uma comunicação com o parceiro ressentido, em um belo momento de renovação, que eu usualmente acho muito emocionante. Fico ali sentado, pensando: "Uau, isso é tão maravilhoso. Ele(a) finalmente assumiu o risco e se mostrou.". Mas então, para meu desalento, o parceiro ressentido mal consegue perceber!

Certa vez, quando Dan se apresentou emocionalmente suscetível a Nancy, ela se ateve firmemente a seu ressentimento: "Não confio nisso. Não consigo imaginar que isso vá durar quando sairmos de seu consultório.". Embora sua preocupação fosse compreensível, ela também a estava demonstrando de uma maneira que mantinha Dan acuado, justificando assim a queixa dela.

Isso é que é trágico no clima de ressentimento: ele fecha o canal através do qual o amor poderia entrar em nós, impedindo-nos de desfrutar seu poder de cura e regeneração. De uma maneira ou de outra, muitos de nós sofremos do mesmo problema que Nancy: a declaração

"Eu não me sinto amado" finalmente se solidifica em "Não confio o suficiente no amor para deixá-lo entrar". A abertura para o amor parece muito ameaçadora, e não acreditamos que seja seguro assentir a ela. O passo final no processo de nos fecharmos nessa "caixa" é camuflar nossa vulnerabilidade emocional com a censura ou a condenação: "Você na verdade não me ama... Você não sabe amar...".

Por isso, o clima de ressentimento é totalmente autodestrutivo, pois não apenas nos fecha para o amor, mas também afasta as pessoas, que são alvos de nossas queixas. Tratando Dan como o outro ruim que não conseguia estar disponível a ela, Nancy desencadeou a angústia que o próprio marido carregava por não ter valor e não merecer ser amado. Isso trouxe à tona a vergonha e a autocensura, tornando difícil a Dan abrir-se para ela. Nessa condição restritiva, ele também tinha pouca coisa a dar. E quanto menos ele oferecia, mais o ressentimento de Nancy se justificava. Ao mesmo tempo, o outro ruim que Dan projetava em Nancy – segundo o qual ela era incorrigível – tornava mais difícil para ela reduzir sua resistência. É assim que os ressentimentos invariavelmente se tornam profecias autorrealizáveis.

O psiquiatra americano Vamik Volkan estudou como essa atitude mental opera em alguns grupos étnicos e nações que se autodefinem assumindo a identidade de vítima, baseados nas injustiças e opressões históricas que sofreram. Volkan usa o termo "trauma escolhido" para descrever esse fenômeno. Olhando para o mundo através da lente de seu trauma escolhido, esses grupos estão continuamente na espreita de perigos e ameaças provenientes de algum outro grupo étnico. Isso faz que ajam de modo defensivo e agressivo, gerando medo e animosidade no outro grupo, que então reage de maneiras hostis, confirmando assim a visão do primeiro grupo de que o mundo não é amigável.

De modo similar, todos nós abrigamos nossos traumas escolhidos – os quais têm a ver com o fato de não recebermos amor suficiente. E nossa história sobre o outro ruim (aquele que nos ofendeu e nos privou) gera medo, suspeita, ressentimento, desconfiança ou agressão, o que inevitavelmente afasta as pessoas e solapa nossos relacionamentos, reafirmando a velha crença de que não somos amados ou não merecemos ser amados. Por isso, seguimos reproduzindo o trauma de amor original da criança, continuamente gerando evidências de que o mundo é realmente um lugar de desamor.

O ressentimento foge ao controle

Um dos aspectos mais insidiosos do ressentimento é que ele assume vida própria e envenena tudo, tirando de nós a alegria e a beleza da vida. O que começou como sentimento de mágoa se transforma em rancor generalizado contra o mundo.

Minha mãe me proporcionou a oportunidade de estudar de perto os meios pelos quais o ressentimento se generaliza por toda essência de ser. Embora tivesse um grande coração e fosse essencialmente muito boa e generosa, ela teve uma infância bem difícil e, enquanto envelhecia, passou a adotar o ressentimento como modo de vida. Na última metade de sua vida, ela sempre tinha algo sobre o qual se queixar aos gritos, quer fossem os políticos, o tempo, o alimento que comia, os familiares, os médicos ou o apartamento em que morava. Ela iniciava de repente seus longos e amargos discursos sobre essas coisas. Nesses momentos não havia como tentar convencê-la, e ela repelia qualquer de minhas tentativas de lhe oferecer uma visão mais equilibrada e menos negativa das coisas.

Próximo ao fim de sua vida, quando estava sendo cuidada por enfermeiras domiciliares, muitas das quais eram imigrantes, ela se queixava de como era terrível haver tantos imigrantes nos Estados Unidos. Entretanto, quando uma delas se apresentava para ajudar, ela se mostrava realmente muito simpática e gentil. Havia uma jamaicana de quem minha mãe gostava particularmente e a quem era muito grata. Eu via que, no momento de se relacionar com alguém pessoalmente, o coração de minha mãe podia estar disponível de modo honesto e puro, ainda que outras vezes ela pudesse incluir essas mesmas pessoas em seus discursos contra o outro ruim. O ressentimento havia se tornado tão entrelaçado a sua identidade e psique que acabou assumindo vida própria, permanecendo separado de sua consciência e até mesmo de seu comportamento real.

Ao observar minha mãe, assim como as tendências que herdei dela, vi como a mágoa pode assumir vida própria. Não importa a quem o rancor seja dirigido, porque o alvo pode mudar conforme as circunstâncias; ele se torna um "ressentimento móvel". Alguns anos antes de minha mãe desenvolver um ressentimento contra os imigrantes, ela abrigou um rancor contra os *gays* e as lésbicas. Antes desse período, ela se aborreceu com as pessoas que trabalhavam na previdência social e, anteriormente a isso, ainda, chateou-se com os homens de cabelos compridos. Quando o ressentimento se generaliza, finalmente se torna uma queixa sobre o modo como as coisas são e sobre "a injustiça disso tudo", um lamento que termina nos isolando totalmente da vida.

O investimento no ressentimento

Se esse ressentimento cobra um preço tão caro, o que é que o torna tão persuasivo e difícil de ser extinto? Visando a expressar isso de maneira mais completa, levei essa questão aos alunos de meu grupo uma semana depois de explorarem como o estresse em suas vidas era fruto de antigos ressentimentos que surgiam de sua ferida interior.

"Agora que observamos as consequências dolorosas e destrutivas do ressentimento", disse eu, "gostaria de verificar outra coisa. Vejam se estão dispostos a abrir mão de seu ressentimento. Por favor, sejam honestos. Quem está disposto a fazer isso exatamente agora?". Fez-se um silêncio. Ninguém ergueu a mão! Eu disse: "Está bem. Obrigado por sua honestidade. Antes de conseguirmos descobrir uma maneira de abrir mão de nossas mágoas, é essencial reconhecermos como estamos ligados a elas. Precisamos entender todo nosso investimento no ressentimento e ver exatamente por que nos agarramos tanto a ele.".

Então, pedi-lhes que se juntassem em pares e investigassem entre si o que havia de bom em se apegar ao ressentimento. Em outras palavras, a que propósito ele servia, qual era o benefício ou a recompensa que proporcionava, o que ganhavam mantendo-o dentro de si? Eis algumas das respostas que surgiram:

> "Apegar-me ao meu ressentimento dá uma sensação de poder que me protege de sentir-me vulnerável. É uma maneira de me impor e evitar ser novamente magoado, desapontado ou rejeitado. Isso me mantém vigilante contra recorrências de dano."

"Apegar-me ao rancor faz que eu me sinta correto e justo. É como se eu tivesse meu *jihad* particular. Desistir dele seria uma maneira de deixar totalmente impunes as pessoas que me magoaram e permitir que elas tripudiem sobre mim."

"O ressentimento reforça uma percepção familiar de 'mim' – eu me conheço nesta circunstância. Isso me dá uma sensação de identidade. Embora realmente não seja uma coisa boa, eu prefiro viver com esse desconforto familiar do que abrir mão do ressentimento e sentir o desconforto de entrar no desconhecido. Prescindir dele solaparia toda a minha identidade."

"É uma forma de dizer 'pobre de mim' e de sentir pena de mim mesmo. Portanto, ele se torna uma maneira de eu tentar angariar alguma simpatia. É um grito por socorro."

"Apegar-me ao ressentimento é uma forma de cuidar de mim, de me aliviar desviando minha atenção da ferida. Nesse sentido, ele é autoafirmativo."

"É uma maneira de me ligar aos membros de minha família, todos os quais abrigam alguma queixa contra o mundo. Venho de uma família de imigrantes que foram maltratados na Europa durante várias gerações, e o mesmo aconteceu quando chegaram aos Estados Unidos. Expressar nossos ressentimentos é uma maneira de lamber juntos nossas feridas. Sermos vítimas juntos significa que fazemos parte da família."

"O rancor proporciona um princípio de organização – uma história unificadora de exploração, opressão, ricos *versus* pobres, luta para conseguir o que falta –; isso me dá uma visão de mundo, uma percepção daquilo pelo que tenho de lutar, oferecendo uma noção de ordem e propósito em meio ao caos."

"Meu ressentimento está associado ao fato de ter sido abandonado por meu pai, que deixou nossa família quando eu era pequeno. Por estranho que pareça, preservar esse ressentimento me ajuda a manter alguma conexão com meu pai. Consigo ver como minha raiva e meu rancor são uma maneira de eu tentar me apegar a ele."

"Deslocar a culpa para os outros me permite não ter de assumir a responsabilidade por meus próprios problemas."

Não espanta que seja tão difícil nos livrarmos de nosso ressentimento e perdoar. Essas declarações mostram os efeitos poderosos que o rancor pode ter na psique. Se temos um ressentimento à mão, ele pode nos proteger de nos sentirmos vulneráveis. Podemos evitar nos colocar em situações como aquela que originalmente nos magoou. Reafirmar o ressentimento nos dá certa força virtuosa: "Vou lhe mostrar que você não pode complicar minha vida. Vou lhe mostrar que sou alguém que merece consideração.". Isso parece proporcionar um lugar para se ocupar.

Por constituir uma forma de tornar os outros ruins ou errados, o ressentimento também é um modo de tentarmos nos sentir melhor com relação a nós mesmos. É por essa razão que minha mãe se satisfazia reclamando das pessoas com quem, na verdade, ela gostava de estar pessoalmente. Queixar-se do outro ruim era uma forma de ela conseguir acesso a algum poder, de compensar a pequenez e o desamparo que sentia por dentro. Dava-lhe uma sensação de ser alguém em um mundo em que ela se sentia totalmente desorientada.

Tudo isso lança luz sobre o porquê de muitas vezes ser difícil nos permitirmos receber amor, mesmo quando ele está disponível. *Deixar o amor entrar requer que nos desintegremos* — que dissolvamos as defesas em nós instaladas e baixemos nossa guarda. Receber amor é mais ameaçador do que dá-lo, porque a receptividade requer abertura, o que faz nos sentir vulneráveis. Por isso, mesmo que possamos gritar por amor, como Nancy fazia com Dan, quando o amor está de fato disponível, nós frequentemente sabotamos o relacionamento, fechamo-nos no medo ou provocamos um conflito que justificará nosso ressentimento. Então, podemos nos sentir novamente seguros, justificando devidamente nossa reclusão como um jeito de nos protegermos do outro ruim.

Não é de surpreender que as nações tão rapidamente exijam olho por olho e partam para a guerra a fim de resolver suas disputas. Se nós, como indivíduos, não estamos prontos para abrir mão de nossos ressentimentos pessoais, como podemos condenar nossos líderes por travarem guerra, visto que nutrimos as mesmas sementes de violência dentro de nós? Na medida em que nos satisfazemos com o clima de ressentimento, cada um de nós responde pelo conflito que domina nosso planeta.

Por isso, a injunção de Jesus para dar a outra face é um ensinamento muito importante: ele ataca o cerne da mentalidade do ressentimento, a saber, a base do ego defensivo, em torno do qual está construído nosso senso de identidade e segurança.

Quando apresento essas ideias sobre o ressentimento nos *workshops*, as pessoas geralmente perguntam: "E quanto aos dissabores legítimos com os quais temos de lidar, como a injustiça, a opressão social ou os relacionamentos abusivos?". Certamente há ofensas e injustiças legítimas que requerem atenção e ação. Entretanto, se partirmos do clima de ressentimento, insistindo em nossa virtude enquanto condenamos a maldade daqueles que nos ofenderam, é improvável que consigamos lidar com essas questões de maneira construtiva, que conduza à verdadeira paz e à justiça.

O Dalai Lama, por exemplo, tem tanto de que se ressentir quanto qualquer outra pessoa no mundo. Como líder exilado do Tibete, região que foi brutalmente invadida e ocupada pela China na década de 1950, ele testemunhou a profanação e a destruição de tudo o que mais apreciava: seu povo, sua cultura, a prática livre de sua religião, a terra e a vida selvagem do Tibete. A ocupação chinesa foi responsável pela tortura e pelo assassinato de nada menos que dois milhões de tibetanos, e esse holocausto vivo continua até hoje.

O Dalai Lama trabalhou incessantemente para corrigir essa situação, mas fez a escolha de não viver em um estado mental de ressentimento, amargura ou descontentamento. Longe disso: ele vive e respira alegria e devota compaixão aos invasores chineses, os quais não percebem o grande dano que causam a si próprios agindo de maneira tão odiosa. Ele sabe que o clima de ressentimento não confere benefícios para ninguém. E faz uma distinção absolutamente importante: reconhece as ações ruins sem considerar intrinsecamente más as pessoas que as realizam. Ele entende que as pessoas são, em geral, inconscientes e, por isso, desamparadas diante das forças cármicas que impulsionam seu comportamento destrutivo. A percepção do líder tibetano coincide com as palavras de Jesus na cruz: "Pai, perdoe-os, pois eles não sabem o que fazem.".

Sem dúvida, a grande popularidade do Dalai Lama vem de sua incorporação viva da determinação de Cristo ao dar a outra face. Embora poucos de nós possuamos esse grau de força e coragem, o exemplo do monge nos mostra que os seres humanos podem se conduzir com grande dignidade diante do sofrimento e da injustiça terríveis.

Depois que meus alunos terminaram de esmiuçar seu investimento pessoal no ressentimento, pedi-lhes que reconhecessem sua indisposição para abrir mão dele e observassem como se sentiam ao fazê-lo. Algumas pessoas se autocondenaram implacavelmente, mas também podiam ver que essa era apenas mais uma forma de ressentimento: contra si próprias. A maioria dos outros alunos sentiu uma sensação de alívio por enxergar a verdade. Como disse uma mulher: "Isso me deixa esperançosa. Ver o quanto invisto no ressentimento me dá uma percepção concreta daquilo que preciso trabalhar dentro de mim. E noto como isso é importante para que eu alcance liberdade e amor reais em minha vida. Entender essa verdade me abre possibilidades totalmente novas.".

RENUNCIANDO AO RESSENTIMENTO

Eu nasci quando consegui amar tudo o que um dia temi.
RABIA

O coração é, ele mesmo, seu próprio remédio.
O coração cura todas as suas próprias feridas.
HAZRAT INAYAT KHAN

Como podemos nos libertar do clima de ressentimento que, reforçando o medo e a raiva em relação aos outros, só serve para perpetuar a mágoa de amor? Há um ensinamento poderoso das tradições tântricas da Índia e do Tibete que pode nos ajudar: *o remédio pode ser encontrado dentro do veneno.* Se o ressentimento é como veneno, esse ensinamento sugere que a cura está na própria mágoa. Portanto, em vez de olharmos para fora de nós em busca de algo a ser responsabilizado, precisamos estar dispostos a olharmos para dentro e enfrentarmos o que está ali, no cerne do ressentimento.

O que está no âmago de todo ressentimento é uma dor e uma tristeza profundas pela perda da conexão. Como nunca vivenciamos plena e conscientemente essa mágoa, ela ficou coagulada em nossa mente e em nosso corpo. *Aquilo que não conseguimos lamentar se transforma em ressentimento.* Para extrair o remédio que pode curar o veneno do rancor, precisamos reconhecer e admitir esse sofrimento, em vez de fugir dele. Isso significa tirar das sombras nossa angústia pela perda de conexão e trazê-la para a luz da receptividade e da ternura.

Misturando ressentimento e sofrimento
De início, é claro, não sabemos que nossa mágoa é suportável. Ninguém jamais nos deu exemplos de como suportar a dor com uma ati-

tude corajosa, digna ou bem-sucedida. Por isso, a reação automática é negar o sofrimento e criar uma fachada agradável para encobri-lo. Mas, por trás dessa fachada, há uma verdade simples, uma ferida aberta, uma mágoa que compartilhamos com bilhões de outras pessoas neste planeta: no fundo, não sabemos que somos amados ou dignos de ser amados, que a realidade é fundamentalmente benevolente, ou que o grande amor é a base de toda a nossa existência.

Virar as costas para nosso sofrimento é abandonar e tornar a ferir a nós mesmos. A única maneira de curar a ferida do coração é liberando os sentimentos causados pela perda de conexão que estão armazenados em nosso corpo, para que eles possam ser totalmente digeridos e saiam de nós. Primeiro experimentamos a perda da conexão com nossos pais, depois com os amigos que se afastaram, os amantes que perderam o interesse, um marido ou uma esposa que se fechou ou nos abandonou. Mas mais profunda ainda é a perda da conexão com nós mesmos, que ocorre quando menosprezamos a mágoa, a confusão ou o desespero que há em nós. Isso cria divisão e disssonância internas, impedindo-nos de reconhecer plenamente nossa beleza intrínseca e nossa capacidade de sermos amados e de estabelecermos uma conexão sagrada com nós mesmos.

Não estou sugerindo que você deva buscar uma elaborada catarse do sofrimento de suas perdas passadas, embora isso possa ser útil para algumas pessoas. O mais importante é reconhecer a verdade – seu distanciamento do amor e a dor dessa separação – e abrir seu coração para si mesmo na zona de desamor. Aprender a conter a mágoa no abraço de sua própria sensibilidade compassiva ajuda você a estar disponível para si mesmo de uma nova maneira que penetre a carapaça espessa e defensiva que envolve o seu coração. É isso que permite que o remédio atue.

Encontrando a si mesmo na zona de desamor

Como conter sua dor de modo que ela seja curada? As duas dimensões do acolhimento anteriormente discutidas são importantes aqui: estabelecer contato e dar espaço, deixar à vontade. Para ilustrar como isso funciona, vou me basear em um exemplo resumido do trabalho com Jane, uma de minhas pacientes de psicoterapia. A situação e os sentimentos dela eram clássicos, e a sequência na qual progredia era também bastante típica. Acompanhar esse exemplo vai ajudá-lo a observar como você pode trabalhar com sua própria mágoa de maneira similar.

Jane estava com um homem que não tinha certeza se queria continuar o relacionamento com ela, e a hesitação dele persistiu por mais de um ano. Ela queria muito manter o relacionamento, mas a indecisão de Tom continuava desencadeando e agravando a velha ferida que nela havia: "Não sou suficientemente boa para ser amada e desejada.". Nessa condição de mágoa, ela perdia a conexão consigo mesma e se fixava intensamente em Tom – no modo como ele a estava tratando ou na forma como ela poderia convencê-lo a continuar o relacionamento.

Jane passou nossas primeiras sessões discorrendo sobre seus ressentimentos contra Tom e descrevendo como não se sentia vista ou aceita por sua família quando era criança. Depois que estabelecemos uma base de confiança e compreensão, pedi a Jane para concentrar-se na sensação de não se considerar amada e no modo como ela experimentava isso em seu corpo. De início, ela só conseguiu tocar sua carapaça defensiva: – Eu me sinto aprisionada e reprimida.

Quando eu lhe pedi para que observasse o que estava por baixo daquele sentimento, ela entrou em contato com seu medo e sua agonia de ser abandonada. Depois de trabalharmos um pouco nisso, ficou claro que ela ainda estava inteiramente focada em Tom e no que ele poderia fazer. Jane ainda não havia interagido com aquilo que estava sendo tocado e desencadeado dentro dela e que a fazia sentir-se tão temerosa e angustiada. Finalmente, disse: – Eu odeio me sentir assim.

– Sentir-se como? – perguntei.

– Tão carente de amor.

– Como você sente isso em seu corpo? – eu a estava convidando para estabelecer contato direto com a experiência corporal da dor de não se sentir amada. Esse contato direto é o que chamo de reconhecimento, o primeiro passo para encontrar e vivenciar sua própria experiência – um processo que denomino *presença incondicional*. Esse processo pode ser dividido em quatro passos intimamente relacionados: reconhecer, permitir, abrir e entrar. Eles constituem uma maneira de definir momentos diferentes em um processo que combina sensibilidade progressiva e experiência emocional.

Reconhecer significa perceber o que está ali, admitir *que aquilo existe*, sem tentar avaliar se é bom ou ruim, ou se *deve* ou não ser daquela maneira. Ver e tocar um sentimento que está ali exposto, exatamente como ele é: é isso o que quero dizer com reconhecimento. Em meu trabalho como psicoterapeuta, descobri que esse simples ato de reconhecer tem um poder muito maior do que qualquer estratégia de autoajuda ou análise mental.

— Como se manifesta em você, neste exato momento, a sensação de não ser amada? – perguntei.

— Sinto uma dor aqui – disse Jane, tocando seu peito.

— Você consegue deixar a respiração tocar essa dor? Veja se consegue simplesmente deixar a sensação ficar aí, sem tentar consertá-la ou modificá-la.

Eu a estava convidando para dar um passo adiante, permitir o sentimento.

— Veja se consegue se acalmar em relação a ela, abrigando o sofrimento de uma maneira muito sutil e desimpedida, como o céu abriga a Terra.

Permitir significa dar ao sentimento todo o espaço para que esteja presente ali tal como é, sem deixar de manter contato com ele.

Com frequência comprimimos ou contraímos inconscientemente os sentimentos dolorosos como forma de mantê-los afastados ou de torná-los menores e menos importantes. A permissão é uma forma de descompressão ou desbloqueio: deixar que a energia do sentimento seja do tamanho que é, sem se identificar com ela ("esta dor sou eu, significa algo que sou") ou rejeitá-la ("esta dor não sou eu, ela não deve estar aqui"). Quando Jane conseguiu ceder espaço para que sua dor estivesse ali, isso lhe proporcionou uma imediata sensação de alívio, porque ela não estava mais lutando com aquela angústia, mas se encontrando e se conectando com a mágoa em relação ao amor, tratando-a como um simples sentimento humano, em vez de encará--la como um grande melodrama.

Às vezes, Jane se deixava levar por julgamentos mentais ou histórias sobre a dor. No processo de cura, é importante não se prender a esses dramas ou associações mentais ("este sentimento é muito para mim, é maior do que eu, vai me engolir vivo"), porque eles interferem no contato direto com sua experiência. Isso é especialmente verdadeiro no caso dos julgamentos adversos ("se eu me sinto tão carente de amor, isso significa que não sou bom"). Ajudei Jane a reconhecer esses julgamentos como histórias que ela contava a si mesma e depois, delicadamente, a colocá-las de lado e a voltar a perceber a sensibilidade em seu corpo.

Em seguida encorajei Jane a observar se ela conseguia se abrir à sensação dolorosa de não se sentir amada. *Abrir-se*, nesse contexto, significa abrir o próprio coração a um sentimento, deixando-se experimentar plenamente as sensações que se agitam no corpo, sem lutar contra elas. Depois de passar algum tempo se expondo ao sentimento, ela disse: – Eu me sinto mais calma. A dor ainda existe, mas consigo deixá-la ficar ali. Abrir-se à dor permitiu-lhe conviver com ela, e, por isso, o sofrimento não pareceu mais tão ameaçador.

Um tempo depois, convidei Jane para ir um pouco além e entrar na sensação de desamor que experimentava, vivenciando-a plenamente. *Entrar* significa trazer a própria consciência bem ao cerne de um sentimento, de modo a unir-se a ele, não mais enxergando-o como algo distanciado de si. – Você consegue deixar sua consciência entrar na dor, como se estivesse se movendo diretamente para o centro dela?

– Isso parece realmente ruim e perigoso – disse ela.

– Sim... Veja se você consegue se unir à tristeza; não permaneça separada dela. Veja se consegue fundir-se a ela.

Ela ficou em silêncio durante alguns minutos. Finalmente, disse: – A tristeza ainda está ali, mas não pesa tanto.

Pouco tempo depois, ela endireitou o corpo na cadeira e olhou para mim: – Está mudando. Eu ainda sinto a vulnerabilidade, mas há também mais ternura e afeto.

Seu semblante se mostrava totalmente relaxado, e ela estava notavelmente mais à vontade.

– Como você se sente agora?

– É estranho... Há alguma doçura – disse ela, tentando dar um sorriso.

– Mesmo com essa doçura você ainda se sente desconectada do amor? – perguntei.

Jane pensou um pouco e depois disse: – Neste momento, não.

Agora, sem pôr o foco em Tom ou no relacionamento deles, Jane sentia seu próprio coração, o que a levava a uma sensação adorável de bonomia ocupando seu corpo. A experiência de encontrar a si mesma na zona de desamor e expor-se a seu sofrimento e sua vulnerabilidade despertou o amor dentro dela – como uma sutil presença de gentileza e ternura penetrando seus cantos mais escuros.

O que havia prejudicado o acesso de Jane a seu próprio coração foi o medo do sofrimento de desamor e suas tentativas de convencer Tom a continuar o romance para que ela não tivesse de passar por essa dor. Ela agora compreendeu que tentar tão insistentemente fazer que Tom a amasse só a separou do amor, transformando esse em algo que só o outro lhe poderia oferecer. Como resultado, quando Tom ia embora, ela se sentia separada de seu próprio coração. E essa desconexão em relação ao fluxo sagrado do amor dentro de si era a maior de todas as mágoas.

Por isso, quando você se sentir carente de amor, em vez de buscar algum remédio externo, pode captar isso como um sinal de que você está desconectado de seu próprio coração. Essa desconexão é o veneno. Deixar-se aberto ao sofrimento dessa desconexão o coloca em contato com certa ternura ou vulnerabilidade, o que é um indício de que seu coração – com os anseios e a capacidade de se conectar que lhe são naturais – está bem à mão. Isso o leva de volta a si mesmo – esse *é* o remédio para a desconexão. Por isso, a dor do desamor é muito mais do que apenas dor. É um grito que vem direto do coração: "Você perdeu o contato comigo; por favor, venha ao meu encontro, isso é sua razão de ser.".

É claro que sentir-se despojado de amor é, em geral, a última coisa que queremos experimentar porque a associamos com alguma deficiência: isolamento, vazio, vergonha ou inadequação. Por que cargas--d'água – você pode ponderar – alguém iria querer deixar-se sentir assim? Entretanto, se o sentimento está ali, há apenas duas escolhas: evitá-lo e negá-lo ou enfrentá-lo diretamente.

Fugir da mágoa só dará a ela mais poder sobre você. No fim, suas emoções se tornam uma casa abandonada, assombrada. Quanto mais você foge da ferida do desamor, mais ela inflama no escuro, e mais assombrada se torna sua casa. E quanto mais assombrada ela é, mais o aterroriza. Esse é o círculo vicioso que o mantém alijado e temeroso de si mesmo.

Mas quando você consegue se enxergar na zona de desamor, isso começa a abrir as portas e as janelas da casa assombrada, deixando entrar a luz do sol e o ar fresco. Pouco a pouco a casa se torna mais habitável. Ao aprender a tolerar sentimentos dolorosos ou de vulnerabilidade, você desenvolve uma nova força. A crescente capacidade de lidar com sua dor torna tolerável a ferida que um dia pareceu tão imensa, tão monstruosa, tão devastadora.

Quando *você encontra a si mesmo numa zona de insatisfação*, algo novo e poderoso acontece. Algo muito simples e, ao mesmo tempo, muito radical: *você começa a morar dentro de si próprio*. Você torna a habitar em seu coração solitário e o traz de volta à vida.

Assumindo sua raiva ou seu ódio

Permitir que o lamento exista e alojá-lo no cerne do ressentimento nos reconecta com a ternura feminina do coração, liberando um remédio curador que amolece a rigidez do sofrimento. Mas há outro recurso que também precisamos explorar se quisermos parar de investir no ressentimento: a força e o poder masculinos. Esse poder se origina quando nos firmarmos em nossa verdade — aquilo que é profundamente verdadeiro para nós. O ato de nos apegarmos a esse poder nos liberta de encarar os outros como uma ameaça.

Nutrir a mágoa promove certo endurecimento que se mascara como força mas que, na verdade, nos mantém na postura de vítima impotente — "eles se portaram mal comigo". Nesse estado mental, nossa força fica aprisionada na raiva e no ódio, inerte diante da maneira como temos sido tratados. Mas há também um remédio eficaz — o poder vital e a clareza sensata — oculto dentro do veneno da agressão. Para extrair esse remédio do veneno, precisamos nos relacionar de maneira mais consciente e deliberada com a raiva e o ódio que moram dentro de nós.

Meu trabalho com Jane finalmente avançou nessa direção. Depois de algumas semanas lidando com sua tristeza, Jane me disse: — Percebo que ainda me sinto como uma vítima quando Tom não me escuta.

– O que realmente acontece dentro de você quando ele não a escuta?

– Eu costumava ter um acesso de raiva quando isso acontecia, mas essa atitude não levava a lugar algum e era muito dolorosa. Então, agora eu simplesmente fico quieta e não reajo.

Congelar-se assim extrai o poder de Jane, mantendo-a paralisada na posição de vítima. Eu a encorajei a deixar sua raiva vir à tona, e trabalhamos com esse sentimento da maneira como havíamos trabalhado com sua tristeza: reconhecendo-a, dando bastante espaço para ela se instalar e se expondo a sua intensa energia.

Relacionar-se com sua raiva foi proveitoso. No entanto, depois de tratarmos desse aspecto, também pude perceber em Jane um congelamento ainda mais profundo. Assim, perguntei-lhe se havia mais alguma coisa ali, algo mais parecido com ódio. De início, Jane não quis mexer nisso, devido a uma forte crença moral de que era errado odiar. Então, falamos sobre o ódio como um sentimento que, como qualquer outro, não é certo nem errado por si só. Ela pôde ver como o ódio se tornava particularmente problemático quando ficava escondido e de que forma esse sentimento coagulava e se convertia em uma história tóxica sobre o outro ruim.

Depois de algum momento, Jane disse: – Sim, eu odeio Tom quando ele se recusa a me escutar. Eu falei: – Veja se você consegue sentir a energia no ódio propriamente dito, sem se concentrar tanto em Tom ou no que ele está fazendo. Permita-se sentir o ódio como uma energia, em vez de encará-lo como uma manifestação do ressentimento. Dê bastante espaço para esse sentimento tomar fôlego, deixe que ele se expanda e se irradie, e veja o que acontece.

Após passar um tempo em contato com a energia do ódio contida em seu corpo, ela respirou profundamente e começou a dizer que aquela era a sensação que experimentava quando seu pai chegava em casa depois de um dia de trabalho e não prestava atenção nela. Jane reconheceu como havia levado isso em conta como algo pessoal, imaginando-se indigna da atenção paterna e considerando de que forma essa atitude a fez sentir-se desamparada e à mercê dele.

– Nunca consegui admitir esse ódio contra minha família – disse ela.

Ao proferir tais palavras com certa ênfase, Jane pareceu tirar um peso de seus ombros.

– Estou contente por você conseguir sentir isso agora – respondi. Estava claro que seu ódio havia congelado dentro dela e se voltava contra ela própria. Assumi-lo dessa maneira era um passo essencial para que se libertasse dele.

Jane se endireitou na cadeira e eu lhe perguntei o que estava acontecendo. Ela então respondeu: – Eu me sinto mais firme, mais contida.

Pedi-lhe que descrevesse melhor aquele sentimento.

– Há uma sensação de integridade, é como estar em minha própria essência. Isso faz que eu me sinta poderosa.

Estava claro que agora ela habitava seu eu mais plenamente, e a encorajei a permanecer com essa sensação de poder dentro de si.

– Há uma firmeza em meu abdômen e em minha região lombar. Minha mente está clara e a impotência desapareceu.

– E quanto a Tom? Você ainda o está odiando neste exato momento?

– Tom? – disse ela, como se estivesse sentindo uma enorme dificuldade para se lembrar dele. – Não estou nem pensando nele agora.

Quando ela se fixou em si mesma, o comportamento de Tom já não era tão importante.

Experimentar conscientemente seu ódio, em vez de mantê-lo enterrado, permitiu a Jane libertar o poder que estava contido dentro dele. E conectar-se com essa força a ajudou a se controlar quando Tom não estava disponível para ela, impedindo-a de cair em um estado de vítima ressentida. Isso lhe permitiu expor mais diretamente sua verdade a Tom, sem a atribuição de culpa que, em geral, desencadeava uma briga.

No fim de todo esse trabalho, Jane disse: – Ansiei muito sentir que Tom estivesse disponível a mim, mas agora percebo que eu também não me dispunha, especialmente nas situações de mágoa, medo, raiva e ódio. É incrível ver que, quando me exponho nessas situações, o anseio urgente pelo amor de Tom diminui porque ao menos tenho a mim mesma. E isso já é muito.

É importante perceber que o reconhecimento da raiva ou do ódio não significa pensar: "Sim, está certo ficar com raiva. Eu devo sentir raiva; tenho o direito de me sentir dessa maneira ou de descarregar minha raiva em alguém.". Em vez disso, significa: "Sim, a raiva e ódio estão armazenados em meu corpo e em minha mente.". E, como eles estão ali: "Sim, eu posso reconhecê-los, dar-lhes espaço e conscientemente experimentá-los.".

Você pode imaginar que o reconhecimento da raiva ou do ódio vai torná-lo uma pessoa mais abominável ou vingativa. Mas, de fato, o inverso é que é verdadeiro – desde que você queira conscientemente se relacionar com o ódio como sua própria experiência, em vez de usá-lo como uma arma para culpar e atacar o outro ruim. Negar sua raiva ou seu ódio estabelece uma oposição dentro de você, a qual corrói sua energia e reduz sua força. Isso mantém a agressividade congelada no interior de seu ser.

Mas quando consegue se abrir e permanecer em contato com a hostilidade, você libera a energia e o poder que estavam aprisionados nesses sentimentos. A chave para isso é dar muito espaço à energia da raiva ou do ódio e se deixar levar por essa energia sem se concentrar tanto na pessoa com quem você está aborrecido. Fazendo assim, você sai do papel de vítima ressentida e descobre que, paradoxalmente, experimentar diretamente seu ódio ajuda você a se livrar dele.

O ódio, na realidade, contém sua própria inteligência e verdade, o que é um sinal de que estamos desligados de nós mesmos e da força de nosso ser. Isso é o que mais odiamos – o fato de nos sentirmos desligados de nossa força, de nossa essência, de nossa liberdade e de nossa tranquilidade, por causa da ligação que tínhamos com outra pessoa. Enfrentando e experimentando diretamente o ódio, podemos começar a decodificar a mensagem específica que está oculta dentro dele.

Certo dia, pedi aos alunos de meu grupo que explorassem seu ódio de modo consciente e deliberado, primeiro reconhecendo o sentimento dentro de seu corpo e depois observando o que exatamente eles mais odiavam em seus relacionamentos. Essas foram algumas de suas respostas: "eu odeio quando você se afasta de mim"; "eu odeio quando não há espaço para mim neste relacionamento"; "eu odeio quando você me diz como devo ser"; "eu odeio quando você não me escuta"; "eu odeio me esquecer de mim quando tento agradá-lo"; "eu odeio o desalento que sinto quando estou com você".

O que meus alunos mais odiavam era o fato de se sentirem pequenos e bloqueados diante da outra pessoa. Estavam essencialmente dizendo: "eu odeio a maneira como me encolho e perco o contato com minha própria essência quando estou com você". E a mensagem positiva crucial oculta em seu ódio era: "eu me quero de volta; não quero me permitir ficar tão devastado como ocorre quando estou com você e me esqueço de mim mesmo". Essa é uma declaração de poder.

O ódio é, no fundo, um pedido de socorro, um clamor por atenção vindo de um lugar dentro de nós que parece perdido e impotente. Reconhecer o ódio como um sinal de impotência e desamparo permite que nos relacionemos com ele em vez de o encararmos como algo ruim. Ele só se torna destrutivo quando se transforma em uma arma a ser usada contra nós mesmos ou contra os outros.

Discernimento bondoso

O que continua a estimular nosso ressentimento contra as outras pessoas é nossa aversão pelas emoções intensas – especialmente a mágoa, a raiva e o ódio – que ele desencadeia dentro de nós. Por isso, para renunciarmos ao nosso rancor e vivermos em paz com a raça humana, ou com a pessoa com quem vivemos, é essencial que nos relacionemos com esses sentimentos. Aprender a dar lugar às sensações e sentimentos intensos abrigados em nosso corpo é um profundo ato de bondade a partir do qual o gelo do ressentimento que endurece o coração começa a derreter.

Essa solicitude interior nos permite dar um passo à frente na renúncia ao ressentimento: discernir as circunstâncias da infância nas quais nossa mágoa em relação ao amor foi originalmente formada. Um tipo muito especial de compreensão é essencial aqui: trata-se do que chamo de *discernimento bondoso* ou *discernimento sensível*, porque flui do coração em vez de vir puramente da compreensão mental.

Por que seus pais não o amaram melhor? Por que o amor que lhe ofereceram foi tão condicional ou inconsistente? Se em vez de enxergar seus pais da perspectiva da criança ressentida você considerá-los sob o ponto de vista de um adulto compreensivo, verá pessoas tão magoadas e feridas quanto você. Eles também tinham suas próprias aflições. Eles estavam lutando para dar conta das finanças, para manter o casamento, para encontrar a si mesmos e a seu próprio caminho. Todas essas restrições e pressões lhes impediram de estar mais plenamente disponíveis a você.

Em uma cultura tribal, outras pessoas da tribo – tias, tios, primos, avós, vizinhos – estariam ali para preencher a lacuna quando seus pais não pudessem cumprir a tarefa. Mas, em nossa cultura, a família nuclear está por sua própria conta. E essa mesma cultura oferece pouca *expertise*, ajuda ou orientação na criação dos filhos de uma maneira saudável. Então, todo o peso de providenciar o que você precisava recaiu sobre seus pais, e isso foi demais para eles, devido aos outros ônus que já carregavam. Não é de se admirar que o amor que lhe dirigiam parecesse inconsistente e inconfiável, assim como não é espantoso o fato de você ter perdido a confiança no amor.

Acima de tudo, seus pais tinham seu próprio hábito de não se saber amados, o que lhes dificultava amarem a si mesmos. Quando os pais não amam a si próprios, eles inevitavelmente terminam usando os filhos para apoiar sua autoestima abalada. É necessário um alto grau de maturidade para deixar que aqueles a quem amamos sejam as pessoas únicas e distintas que são, com seus próprios sentimentos, necessidades e perspectivas. Assim, na medida em que seus pais não estavam eles mesmos totalmente amadurecidos, não conseguiram deixar que você fosse quem era nem simplesmente amá-lo como você era.

Isso não significa que eles fossem maus. Não conhecer nem amar a si mesmo, não confiar na beleza de sua própria natureza é uma aflição geral que atravessa gerações. Seus pais tão somente sofriam da mesma doença que aflige a todos. Como todo mundo, eles estavam desamparados diante de seus próprios hábitos.

O discernimento bondoso não é uma maneira de justificar os atos de seus pais ou tolerar as mágoas que lhe causaram. Ao contrário: reconhecer que o comportamento prejudicial ou negligente de seus pais surgiu das mágoas e da falta de amor que eles mesmos abrigavam é um passo na direção de sua libertação. Que tal enxergar as amarguras de seus pais sem justificar ou condenar o comportamento deles? Eles não podiam compreendê-lo ou amá-lo mais do que compreendiam e amavam a si mesmos. Se você tem um pouco de *sentimento* de empatia por eles e pelo que enfrentaram, nem que seja o menor vislumbre, isso vai ajudá-lo a se libertar do peso de ressentimento que você carrega.

Deixando de encarar as coisas como questões pessoais

Assim como o amor imperfeito de seus pais não foi culpa deles, porque não tinham controle sobre isso, também a ausência de amor que surgiu em seu caminho não é culpa *sua*. Na verdade, não tem nada a ver com você. Porque, de fato, há muito poucas pessoas neste mundo capazes de realmente enxergá-lo ou conhecê-lo como você é. Ninguém consegue enxergar você ou sua beleza de maneira consistentemente acurada. Sua beleza não é uma coisa tangível, mas uma qualidade sutil e interior que muitas vezes não é externamente visível.

Não há como você se libertar do clima de desamor e do clima de ressentimento enquanto encarar como algo pessoal a atitude das pessoas que o tratam mal. Levar as coisas para o lado pessoal significa imaginar que elas indicam algo sobre quem você é. Enquanto você agir assim diante do fato de os outros não o enxergarem ou não o apreciarem, vai continuar aprisionado na mente da criança ressentida.

Então, quando o tratarem de modo negligente ou prejudicial, você pode tentar enxergar a crueldade das pessoas como um sintoma da tensão e angústia que elas carregam dentro de si, sentimentos originários da própria desconexão interior dessas pessoas. O homem que o segue de perto e o insulta quando ultrapassa seu carro está apenas expressando a desordem que há dentro dele mesmo. Trata-se de alguém que está enfrentando tanto sofrimento e estresse que isso perturba sua consciência. Descarregar sobre você é uma maneira de tentar reduzir a tensão e encontrar algum alívio interior. Se você considerar isso algo pessoal, vai deixar o tumulto emocional do outro entrar em sua vida e envená-lo. Mas se não o considerar pessoal, essa postura o libertará do estado mental de vítima.

Se seu sofrimento ou sua raiva vem à tona a despeito de suas melhores intenções de não enxergar esse tipo de coisa como algo pessoal, também não encare *esse fato* como algo pessoal. A mágoa e a raiva são apenas sentimentos, reações de seu corpo provocadas por sua sensibilidade particularmente humana aos eventos que o cercam.

Você não tem de fazê-las significar algo ruim a seu respeito. Quanto mais você trabalhar com a mágoa e a raiva da maneira anteriormente descrita, maior liberdade terá para lidar com esses sentimentos. Então, poderá lhes dar espaço, encher seu peito de ar e se abrir para a energia dessas sensações enquanto elas se movem através de você.

Os taoístas têm uma conhecida história educativa sobre um barco vazio que colide com sua embarcação no meio de um rio. Mesmo que você provavelmente não ficasse zangado com um barco vazio, poderia ficar furioso se houvesse alguém no leme. O sentido da história é que os pais que não o enxergaram, as outras crianças que implicaram com você quando você era pequeno, o motorista que o seguiu de maneira agressiva ontem são todos, de fato, barcos vazios, à deriva. Eles foram compulsivamente direcionados a agir como agiram devido a suas próprias feridas não examinadas; por isso, não sabiam o que estavam fazendo e tinham pouco controle sobre suas ações.

Assim como um barco vazio que colide com nossa embarcação não está visando a nós, as pessoas que agem com crueldade são dirigidas pela força inconsciente de suas próprias mágoas e sofrimentos. Até compreendermos isso permaneceremos prisioneiros de nosso ressentimento, de nosso passado e de nossa identidade de vítima – tudo o que nos impede de nos abrirmos para as correntes mais poderosas de vida e amor, que estão sempre fluindo durante o momento presente. Não considerar pessoal o fato de alguém nos magoar é uma genuína prática de compaixão – antes de tudo por nós mesmos. Essa postura nos deixa em condição de respirar aliviados, permitindo-nos relaxar e sossegar nos momentos em que nosso primeiro impulso é ficarmos paralisados ou partirmos para o ataque.

Bondade amorosa

Apesar de todos os aspectos em que seus pais falharam em amá-lo perfeitamente, você só é tão saudável quanto é hoje por causa das maneiras como eles *cuidaram* de você. Entretanto, esse cuidado não foi consistente. Mas se eles não tivessem demonstrado qualquer afeição em relação a você, você não estaria suficientemente bem para ler este livro. Você poderia estar em uma instituição, ou ser um desabrigado ou um assassino serial. Portanto, se você é relativamente saudável, isso significa que muito provavelmente teve o que D. W. Winnicott chama de pais "suficientemente bons". Se acha isso difícil de aceitar, é provável que você precise se empenhar mais para se abrir à mágoa e à raiva que carrega desde o passado e para se relacionar com elas.

No último ano de vida de minha mãe, diante da evidência de que ela estava definhando, foi-me apresentada uma prática contemplativa tibetana que sugere que a pessoa se lembre da bondade de sua mãe. Os tibetanos usam isso como um primeiro passo para o desenvolvimento da compaixão por todos os seres humanos. É claro que essa prática é mais fácil para os tibetanos, porque eles inequivocamente amam suas mães. De modo semelhante ao que ocorre com muitos norte-americanos, meus sentimentos por minha mãe eram confusos e ambivalentes.

O declínio de minha mãe me obrigou a enfrentar uma realidade desagradável que marcou toda minha vida: meu ressentimento por ela não ter sido capaz de me fazer enxergar ou me respeitar como um ser separado e diferente dela. Durante toda minha vida eu também me senti acometido pelo sofrimento de minha mãe e pelo desejo de fazê--la sentir-se melhor para que eu também me sentisse bem. E fracassei nessa tarefa, o que me deixou cheio de culpa e ressentimento. Repetidas vezes sofri as consequências de me apegar a minha mágoa contra ela, das quais a pior foi a dificuldade para me permitir ser amado.

Quando descobri a prática de lembrar a bondade de minha mãe, em seu último ano de vida, imediatamente me senti fascinado por esse exercício. Embora eu tivesse obtido algum sucesso ao trabalhar, em terapia, meu relacionamento com minha mãe, essa prática me forneceu um método simples e concreto para reorientar meu comportamento com ela. Permitir-me lembrar e reconhecer as inúmeras vezes em que ela mostrou-se bondosa para comigo me ajudou a desfazer as projeções do outro ruim que eu lançava sobre ela. Passei a aceitar o fato de que ela só conseguia me amar da maneira como era capaz, devido a quem ela era e às coisas pelas quais passou na vida.

Contemplar e apreciar sua bondade também me ajudou a abrir meu próprio canal interno para que eu me tornasse mais receptivo ao amor em geral. Isso tornou mais fácil ver a beleza da prática de lembrar da cordialidade dos outros, pois essa é uma maneira de aprender a se deixar receber amor, o que é fundamental para amar os outros. Por essa razão, estou apresentando aqui uma versão condensada dessa prática contemplativa. (As pessoas que ainda carregam uma pesada carga de ressentimento contra sua mãe provavelmente não reagirão bem a esse exercício. Se esse for seu caso, sugiro não insistir, mas, antes, trabalhar mais sua mágoa e sua raiva, ou realizar um exercício similar com outra pessoa que tenha sido boa para você.)

Visto que é fácil lembrar apenas os momentos nos quais achamos que nossa mãe nos magoou e esquecer sua generosidade ou encará-la como algo natural, precisamos lembrar em detalhes como nossa mãe nos foi favorável desde o início desta vida. No início, foi gentil conosco nos oferecendo a chance de nascer. Se ela tivesse desejado se livrar de nós, poderia tê-lo feito, e hoje não estaríamos vivos para desfrutar das oportunidades que temos. Quando estávamos no ventre de nossa mãe, ela nos protegeu com cuidado, com muito mais zelo do que protegeria uma joia preciosa. Em toda situação ela pensou em nossa segurança. Mesmo durante a agonia do parto, nosso bem-estar era o fator mais importante para ela. Quando éramos recém-nascidos, ainda que parecêssemos mais um sapo do que um ser humano, nossa mãe nos amou com grande carinho. Quem cuidou dessa coisa quase não humana que éramos? Foi nossa mãe. Ela nos vestiu, nos embalou e nos alimentou com seu próprio leite. Ela limpou nossa sujeira sem sentir nenhum nojo.

Enquanto éramos pequenos, nossa mãe estava constantemente atenta. A cada dia de nossa primeira infância, ela nos salvou de muitos desastres. No inverno, verificava se estávamos aquecidos e bem agasalhados. Sempre escolhia as melhores coisas para comermos e preferia ficar doente a nos ver doentes. Quando fomos crescendo, nossa mãe nos ensinou a comer, a beber, a falar, a sentar e a andar. Ela nos mandou para a escola e nos encorajou a fazer coisas boas na vida. Quando nos tornamos adolescentes, preferíamos estar com nossos amigos e nos esquecíamos completamente de nossa mãe, lembrando-nos dela somente quando precisávamos de alguma coisa. Mas ela continuou o tempo todo preocupada conosco. Ainda que esteja velha e fraca e mal consiga ficar de pé sozinha, ela nunca se esquece de seus filhos.

Enquanto você leu essa reflexão, pôde ver como é considerar esses e outros aspectos nos quais sua mãe cuidou de você. Que tipo de efeito isso tem sobre você? O que acontece com seu ressentimento contra seus pais quando se lembra de algumas dessas ocasiões em que eles lhe mostraram sua bondade? Admitir que você teve pais "suficientemente bons", que não foram monstros absolutos, e reconhecer a generosidade deles pode ter sobre nós efeito semelhante ao da luz do sol entrando em uma masmorra escura.

Verifique se há em você qualquer propensão a reduzir a bondade que seus pais ou outras pessoas demonstraram por você. Esse é um termômetro de seu investimento no ressentimento. Nos relacionamentos há uma tendência comum de nos concentrarmos no que está faltando e subestimarmos o que é positivo e disponível. Tendemos a aceitar como naturais as coisas boas e fixar nossa atenção no que está errado. Isso, evidentemente, só conduz a insatisfação e frustração perpétuas, pois ninguém pode lhe dar tudo de que você necessita ou amá-lo sempre da maneira certa.

Essa tendência para concentrar a atenção no negativo – no que deu errado, no que não recebemos – e minimizar o positivo – tudo o que está dando certo, tudo o que nos foi dado – é certamente um dos hábitos mais perniciosos da mente humana. Se observarmos nossa mente em ação, poderemos prontamente ver como colocamos mais ênfase nas poucas coisas que dão errado do que nas infinitas coisas que dão certo. Quando uma furadeira é ligada na casa do vizinho, nossa atenção se fixa no barulho, fazendo-nos esquecer todas as maravilhosas horas de silêncio que o precederam e que virão em seguida.

Na tradição zen-budista há um cântico entoado no momento das refeições que começa assim: "Setenta e dois trabalhadores nos trouxeram este arroz, e deveríamos saber como ele chegou até nós.". Do mesmo modo, as pessoas nos forneceram tudo o que temos, porque vivemos em uma rede de interconexão humana que sustenta nossa existência de todas as maneiras. Embora seja possível que a vida não nos dê tudo o que queremos e contenha todos os tipos de traumas e desapontamentos, tudo o que chega até nós pode ser um presente que nos ajuda a acordar, a desenvolver novos recursos e força e a nos tornarmos seres humanos mais amorosos. Nesse sentido, a vida é generosa e boa, mesmo quando se manifesta de maneira frustrante ou cruel.

A todo momento temos a escolha de sentir gratidão pelo que nos foi dado ou afundar no ressentimento pelo que está faltando. O ressentimento e a gratidão são polos opostos. O rancor se concentra no que *não está lá* – as imperfeições do amor relativo – e busca alguém para culpar. A gratidão reconhece o que *está aqui* – a beleza simples da presença e do contato humanos – e reage a isso com apreciação. Quando refletimos sobre como nossa vida é possível só porque ela é sustentada, cercada e nutrida por uma atmosfera de cordialidade, isso dá origem a uma gratidão natural.

É claro que, quando estamos dominados pelo ressentimento, é fácil desprezar a bondade que a vida e as outras pessoas demonstraram para conosco. Se essa é sua tendência, veja se consegue parar por um momento e explorar como é concentrar-se apenas no quanto foi dado a você. Pode ser que você tenha dificuldade para reconhecer a afeição que lhe foi demonstrada porque não se sente merecedor dela, ou se sente culpado por não retribuí-la. Entretanto, apesar dessas reações, se você simplesmente se concentrar em como seu corpo se sente quando você é alvo da bondade, vai perceber seu coração se expandindo naturalmente. Não há dúvida de que é esse o motivo pelo qual Rumi recomenda que "quando alguma benevolência chegar a você, vire-se e caminhe em direção à origem desse ato.".

Quando o coração se expande em gratidão, sentimos um desejo natural de retribuir a bondade que recebemos, de recompensá-la de algum modo. Pouco a pouco isso se torna um desejo espontâneo de que todos os seres estejam bem, de que o mundo viva em paz, de que todos encontrem a verdadeira satisfação. É isso que os budistas chamam de *bondade amorosa*. E da bondade amorosa se origina a compaixão – o ato de não querer que ninguém sofra desnecessariamente.

Observe a diferença entre as sensações que a bondade amorosa e o ressentimento provocam em seu corpo. O ressentimento é tenso, fechado e rígido, enquanto a bondade é uma ternura expansiva, suave e receptiva. Essa afeição radiante é sua verdadeira natureza encontrando sua expressão natural. Deixe-a brilhar. Esse é o perdão natural surgindo espontaneamente – o início do fim de seu investimento no ressentimento.

DO AUTO-ÓDIO AO AUTOAMOR

Não há arma mais poderosa para o entendimento
da verdade do que esta: aceitar-se.
SWAMI PRAJNANPAD

Você nunca vai se sentir amado
até aprender a se amar.
ARNAUD DESJARDINS

No fim das contas, não podemos esperar nos libertar da opressão do ressentimento a menos que abdiquemos do mais destrutivo de todos os rancores – aquele que sentimos contra nós mesmos. O ressentimento sempre produz efeitos opostos: todo rancor contra o outro ruim, por não ter me tratado direito ou não ter me amado adequadamente, é acompanhado por uma sensação de que eu mesmo sou ruim – um ressentimento contra mim mesmo por não ser bom o bastante ou digno de amor. O outro ruim e o eu ruim são dois lados da mesma moeda.

Na verdade, não haveria ódio dos outros sem o ódio de si mesmo. Se realmente nos sentíssemos bem com relação a nós mesmos, não teríamos nenhum interesse em desperdiçar a preciosa energia da vida nos ressentindo contra alguém ou atacando alguém. O impulso para culpar os outros só se origina do fato de nos sentirmos mal com nós mesmos, o que originalmente se desenvolveu por não nos sentirmos realmente vistos ou considerados pelas outras pessoas. O auto-ódio é a raiz oculta de toda violência e vilania do mundo.

Auto-ódio pode parecer uma palavra muito forte para alguns. "Eu sinto uma pequena insegurança", você pode dizer, "mas não me odeio." Mas se você duvida de si, julga ou critica a si próprio, isso indica algum desafeto ou aversão por quem você é. Se tem dificuldade de ficar sozinho, sem a distração do trabalho, dos telefonemas, da televisão, do computador ou de outras formas de ocupação que tiram sua atenção de si mesmo, isso também sugere que você pode não gostar muito de ficar consigo mesmo.

Infelizmente, a dificuldade que você sente de se amar e de se aceitar o afeta ainda mais profundamente do que a falta do amor de outra pessoa. Quer você represente um caso leve ou extremo de auto-ódio, isso influi na maneira como se sente interiormente e como experimenta sua vida a cada instante. Isso influencia os pensamentos que você tem, as escolhas que faz, as ações que realiza, os(as) amantes que escolhe e os relacionamentos que estabelece. Em nossa cultura, o auto-ódio é epidêmico e, até certo ponto, infecta quase todo mundo, mesmo aqueles que conseguem ocultá-lo sob uma aparência de sucesso ou sob um aspecto bonito.

Bondade e vergonha naturais

Não é difícil ver onde se originou a noção do eu ruim: na falta de correspondência às expectativas das outras pessoas. Talvez você fosse uma criança tímida, quieta, mas seus pais queriam que seu filho fosse mais expansivo. Talvez seus professores esperassem de você uma excelência verbal, mas você estava mais interessado em arte, música e dança. Ou talvez sua marcante vitalidade assustasse os garotos, que buscavam alguém que não os ameaçasse.

Não obstante, o eu ruim é apenas um pensamento na mente, nada mais. Ele se desenvolve quando encaramos como algo pessoal o fato de os outros não nos enxergarem ou apreciarem: "O que há de errado comigo para que ninguém realmente enxergue ou aprecie quem sou?". Esse padrão se estabeleceu quando éramos pequenos: "Por que meus pais são tão zangados ou negligentes em relação a mim? Provavelmente há alguma coisa errada comigo. Deve ser por isso.". Essa é a única maneira pela qual uma criança consegue entender a negligência ou o abuso. Como resultado, acabamos não gostando de quem somos: "Se pelo menos eu fosse diferente, então seria amado e tudo ficaria bem.".

Assim, a vergonha – a sensação de que aquilo que somos não é bom – se estabelece no corpo e na mente. A vergonha é sem dúvida o mais doloroso dos sentimentos. É por isso que ela nega a verdade vital: nossa natureza básica é intrinsecamente bonita e boa.

Essa noção de bondade natural não é uma doutrina de Poliana da Nova Era. Místicos e sábios orientais e ocidentais, desde Platão até Lao-Tsé e Buda, experimentaram diretamente a essência da natureza humana como uma pureza natural do coração da qual fluem todas as qualidades positivas: amor, dedicação, coragem, humor, sabedoria, devoção, força. Como uma qualidade inerente a nossa natureza, esse bom coração é mais fundamental do que qualquer noção que tenhamos sobre ser bom ou ruim baseada em nosso comportamento ou em nossa aceitação pelos outros. Um senso inabalável de nosso valor intrínseco só pode se desenvolver mediante a experiência e o conhecimento da pureza e da nobreza essenciais que existem em nosso íntimo.

Fazendo-nos duvidar de nossa bondade básica e, desse modo, negando a verdade de quem somos, a vergonha é paralisante. Ela faz que nosso sistema nervoso congele e se feche. E, como essa percepção do eu ruim é muito dolorosa, tentamos ao máximo evitá-la. Assim, como o outro ruim, a imagem do eu ruim também cai no inconsciente, afetando-nos de forma automática sobre a qual temos pouco controle.

Uma maneira de a imagem do eu ruim voltar a nos assombrar é por meio de um fluxo de solilóquios que eu chamo de "crítico interno". O crítico é a voz que nos diz que nada do que fazemos é suficientemente bom. Ele se localiza abaixo do limiar da consciência, esperando pela mais leve justificativa para surgir e partir para o ataque. Um jeito simples de observar o crítico em ação é se olhando no espelho. Como você reage a esse rosto que olha de volta para você? Se você enxerga sinais de envelhecimento, como encara a si mesmo? Você sente bondade e aceitação incondicional em relação àquele rosto? Ou se julga duramente por não corresponder a algum padrão?

Se você conseguir penetrar nos pensamentos da maioria das pessoas, vai descobrir que a maior parte deles gira em torno de uma única preocupação: "Eu estou ou não estou bem?". É isso que estimula a fixação "ele(a) me ama, ele(a) não me ama". Se ela me ama, então talvez eu seja um eu bom – alguém bem-sucedido, atraente, simpático, forte – e posso me sentir bem comigo mesmo. Mas se ela não me ama, então sou lançado no inferno de me ver como um eu ruim – alguém inadequado, não atraente, malsucedido, antipático ou fraco. Então, odeio e rejeito a mim mesmo.

Assim, um julgamento interior ocorre no fundo da mente enquanto nós continuamente reunimos evidências para um lado ou para o outro: "As pessoas reagiram bem a mim hoje; então, eu me sinto bem comigo mesmo"; "As pessoas não reagiram bem a mim hoje; então, talvez eu não esteja bem".

Por que permitimos que o crítico continue vivendo dentro de nós, com todas as suas consequências dolorosas? Na medida em que não sabemos que somos intrinsecamente passíveis de ser amados, acreditamos que o amor jamais se aproximará de nós espontaneamente. Em vez disso, cremos que temos de *fazer* alguma coisa para nos tornarmos aceitáveis. Assim, para nos obrigarmos a nos esforçar mais para ser bons, para assumirmos um aspecto agradável, contratamos um crítico interno a fim de monitorar como estamos nos saindo. Se conseguirmos provar que valemos a pena, então talvez sejamos amados.

Infelizmente, esse julgamento interior – "Já sou suficientemente bom? Não, ainda posso melhorar muito" – é infindável e infrutífero. Tentar ser bom pode nunca resultar em um senso seguro de valor interno, porque esse próprio esforço pressupõe que *não* somos suficientemente bons, o que só reforça o nosso auto-ódio. Esse senso de desmerecimento também dificulta a atitude de deixar o amor entrar, mesmo quando ele está disponível. Não amarmos a nós mesmos torna difícil permitir que os outros realmente nos amem. Isso frustra aqueles que estão disponíveis para nós, fazendo que se retraiam ou se afastem. E então usamos isso como mais uma evidência de que há algo de errado conosco. Desse modo, a história do eu ruim se converte em uma profecia autorrealizável.

Assim como foi frustrante ter de ser um bom menino ou uma boa menina para ganhar a aceitação de nossos pais – porque do contrário nunca teríamos nos sentido amados apenas por sermos quem éramos –, também é frustrante tentar conseguir a aprovação do crítico mostrando que somos merecedores. A autoaceitação que pode curar o auto-ódio e a vergonha nunca vai chegar pela obtenção de um veredito favorável no julgamento interior. Ela só pode vir do reconhecimento e da apreciação de quem realmente somos, em nossa bondade e beleza incondicionais, por nos conhecermos como algo muito mais vasto e real do que qualquer noção que tenhamos sobre o eu bom ou o eu ruim.

Expressando a mágoa

O auto-ódio também estimula, de modo bastante previsível, o ressentimento e a violência contra os outros. Tentamos transferir nossos próprios maus sentimentos para as outras pessoas como uma forma de nos sentirmos menos mal com nós mesmos. Embora isso adquira uma forma especialmente pavorosa em exibições públicas do uso de alguém como bode expiatório e nos conflitos armados, de certo modo a mesma dinâmica ocorre na maioria dos relacionamentos humanos.

Descarregar a agressão nos outros é uma forma clássica de tentar aliviar a vergonha e o auto-ódio que surgem nos relacionamentos. Pode ser algo tão simples como uma esposa fazendo uma observação ríspida sobre o fato de seu marido dirigir depressa demais. Se ele ouvir isso como uma repreensão, o crítico interno que há nele pode ser despertado. Então, para se defender de um sentimento como o eu ruim, ele a coloca por sua vez como sendo o outro ruim. Ele contra-ataca, censurando-a por irritá-lo. Agora que se sente como o eu ruim, ela, para se proteger de seu próprio crítico, tenta tornar o marido o outro ruim: "Por que você está sempre na defensiva?". E ele retruca: "Por que você é sempre tão crítica?".

É isso que os casais fazem o tempo todo – atiram o senso de maldade de um lado para o outro, como uma batata quente. Não espanta o fato de os parceiros de um casamento investirem tanto em estar certos, mesmo que isso destrua seu relacionamento. Estar certo é uma maneira de tentar desviar o ataque do crítico, assim como o auto-ódio e a vergonha debilitantes. É sempre muito triste ver duas pessoas que se amam tratarem uma a outra dessa forma.

Um dos defeitos da religião convencional é que ela com frequência fala usando a voz do crítico, responsabilizando as pessoas por seus pecados e por sua falta de mérito. Em vez de castigar as pessoas por suas falhas, seria bem mais compassivo e inteligente ajudá-las a ver como os chamados pecados mortais são todos sintomas de não saberem que são amadas.

A ambição, por exemplo, se desenvolve a partir de uma sensação interna de fome – "Eu não tenho o bastante" –, sob a qual está uma sensação ainda mais profunda de "Eu não sou o bastante". Entretanto, o que é essa pobreza interna que tentamos aliviar por meio do consumo e da posse se não o vazio de se sentir isolado do amor? Os moralistas apocalípticos querem nos fazer crer que a ambição é a prova de nosso pecado. Mas talvez a ambição seja tão atraente apenas porque promete aliviar nossa privação, embora não nos proporcione bens reais, tornando-nos, assim, presas cada vez mais expostas a nossa fome, a qual só o alimento do amor pode realmente satisfazer.

Do mesmo modo, o ciúme só se desenvolve a partir da falta de certeza sobre ser amado: de alguma forma, a vida é amar os outros mais do que a mim mesmo. Similarmente, o egocentrismo, a arrogância e o orgulho são tentativas de nos tornarmos importantes ou especiais, como uma maneira de compensar a falta do genuíno autoamor. O egocentrismo é um modo de tentar fazer o mundo girar em torno de "mim", para compensar um medo subjacente de que eu realmente não tenha muito valor. Se nos sentíssemos amados, nunca passaria por nossa mente que não merecemos consideração.

E o que induz as pessoas a buscarem ter poder sobre outras? Por que alguém quereria passar esta vida curta e preciosa perseguindo a quimera de construir um império ou dominar o mundo? Que graça tem isso? O poder sobre os outros é uma maneira de tentar provar que sou alguém, para obrigar os outros a olharem para mim: "Eu vou obter seu respeito de um jeito ou de outro, mesmo que para isso seja necessário torturá-lo ou matá-lo.". Se eu puder lhe mostrar que sou realmente alguém – o mandachuva, o ditador, o conquistador do mundo, o magnata mesquinho –, você terá de olhar para mim, e então talvez eu possa me sentir bem comigo mesmo. Mas se eu me sentisse acolhido em amor, não haveria razão para tentar me colocar acima de você.

Por trás de todos os males do mundo está o sofrimento de um coração ferido, desconectado. Nós nos comportamos mal porque estamos sofrendo por dentro. E sofremos sobretudo porque nossa natureza mais elementar é totalmente condescendente e terna. Por isso, todo o horror do mundo pode ser associado à desconexão com nosso imaturo e belo coração.

Quando reconhecemos isso – que os pecados do mundo são apenas sintomas da mágoa universal – podemos entender as palavras do líder espiritual francês Arnaud Desjardins quando ele escreve: "Não há pessoas más (incluindo Stalin e Hitler, que foram responsáveis pelas mortes de milhões de pessoas), apenas pessoas mal-amadas.". Aqui está a raiz nua e crua de todo mal: *Não há pessoas más; apenas pessoas mal-amadas*. Se Stalin, Hitler ou Osama bin Laden tivessem vivido a experiência de serem amados e passíveis de receber amor, que motivação eles teriam para matar? Sentir o amor circular através de você faz que você queira celebrar e nutrir a vida, e não destruí-la.

É claro que ditadores como Stalin ou Hitler não percebem o que os controlava, porque enterraram a dor de suas mágoas debaixo de muitas camadas de ressentimento, indiferença e autoengrandecimento. Sem dúvida seriam necessários muitos anos de psicoterapia para trazer à tona os fatores pelos quais eles se tornaram almas feridas e mal-amadas, carentes de um cuidado terno e amoroso. "Se Stalin tivesse sido realmente amado", como aponta Desjardins, "ele não teria matado vinte milhões de pessoas."

O mesmo se aplica à humanidade como um todo. Imagine por um momento a humanidade como um indivíduo. Se essa companheira chamada Humanidade soubesse que é realmente digna de ser amada, como um ser maravilhoso cuja natureza essencial fosse trazer para este mundo amor e sabedoria luminosos, será que ela precisaria continuar destruindo cegamente o planeta enquanto se entrega à violência e à vingança absurdas? Visto que a Humanidade não consegue reconhecer sua bondade natural, ela só pode agir de maneiras patológicas e autodestrutivas. E, quando parar por um momento para olhar toda a devastação que causou, ela só poderá concluir que é uma criatura realmente infeliz. Enquanto isso, a mídia atua como um espelho em que a Humanidade se olha a cada dia, refletindo de volta imagens chocantes e distorcidas de si mesma. Como a pobre e velha Humanidade vai conseguir se amar se, através desse vidro, ela continuamente se vê desolada, testemunhando apenas sua pequenez, sua depravação e seu horror?

A humanidade toda é uma criança com necessidade de cura, com necessidade de conhecer o que é belo em sua própria natureza. Nas culturas tradicionais, a arte, a mitologia, a religião e os rituais ajudaram a humanidade a se lembrar de sua essência divina. Mas hoje, com a ausência da tradição – e por amor à humanidade –, cada um de nós deve curar o coração e despertar para nossa beleza interior (que está por sua própria conta).

A boa notícia é que todas as coisas das quais nós mais nos envergonhamos, todos os nossos chamados pecados mortais, são apenas tigres de papel. Olhe atrás do rugido do tigre e vai encontrar uma criança triste, solitária e desesperada, que se sente desconectada do amor. Isso reduz à dimensão real todos os horrores do mundo. O fechamento do coração para o amor é a origem de todo carma ruim, enviando ondas de choque que reverberam por todo o mundo.

Permitindo-se ter sua própria experiência

Como as tentativas de provar nosso valor ou esconder nossas falhas nunca garantirão que somos dignos de amor, precisamos encontrar uma maneira de descobrir a beleza intrínseca de nossa natureza íntima, exatamente como ela já é. É isso que pode nos libertar de todo subterfúgio do eu ruim e do outro ruim.

A jornada do auto-ódio para o autoamor envolve aprender a encontrar-se com o ser que você é, aceitando-o e abrindo-se a ele. Isso começa quando você *se permite ter sua própria experiência*. O genuíno autoamor não será possível enquanto você refutar, evitar, julgar ou tentar manipular e controlar aquilo que experimenta. Quando você julga o que está experimentando – "Eu não deveria estar passando por esta experiência. Ela não está sendo muito boa. Eu devia ter uma experiência melhor do que esta" –, não está se permitindo ser como você é. Isso agrava a mágoa íntima que o faz dizer: "Não sou aceitável deste modo como sou", colocando-o em conflito consigo mesmo, criando divisão e confusão interiores. Você se livrará da vergonha e da autoculpa desenvolvendo um relacionamento mais amigável com sua experiência, não importa qual seja ela.

Permitir-nos ter nossa experiência pode ser muito desafiador, pois ninguém jamais nos ensinou a como nos relacionarmos de maneira honesta e direta com o que sentimos. Em vez disso, a sabedoria convencional em nossa cultura recomenda: se você está deprimido ou ansioso, tome um comprimido, vá se exercitar na academia ou ligue a televisão – porque a única solução para as sensações ruins é fugir delas.

Com frequência, quando tento ajudar as pessoas a se abrirem para sua experiência, elas dizem coisas como: "Eu senti esta tristeza durante toda a minha vida. Que proveito há em me sentar aqui e continuar me sentindo assim? Já estou cansado disso!". Embora isso seja compreensível, a voz que diz "Se eu sentir minha tristeza, ela simplesmente me atirará em um poço sem fundo" vem da criança desamparada que nunca aprendeu a lidar com sua experiência. Para a criança, isso era válido: nossa tristeza era maior do que nós porque não tínhamos o conhecimento ou a capacidade para processar sentimentos intensos. Portanto, nossa única escolha era bloquear nosso sistema nervoso diante da dor. O problema é que ainda tentamos fugir de nossos sentimentos, ainda que, como adultos, tenhamos agora capacidade para fazer algo diferente.

Então, sim, carregamos nossa dor dentro de nós durante toda a nossa vida. Sim, sentimo-nos oprimidos por ela e colocados a sua mercê. Como a dor era maior do que nós quando éramos crianças, e éramos indefesos diante dela, bloqueá-la foi a única forma que encontramos para lidar com suas investidas. Portanto, é compreensível que não vejamos nenhum benefício em nos abrirmos a esses sentimentos. Mas a verdade é que ficar passivamente submerso ou se deixar levar pelos sentimentos é inútil e despropositado. É *sofrimento inconsciente*.

Não é isso o que quero dizer quando recomendo que você se permita ter sua experiência. Quero dizer exatamente o oposto: encontrar-se ativamente, comprometer-se e abrir-se ao que se está sentindo. Tocar conscientemente um sentimento – "sim, esta é a sensação que está aí" – começa a libertar você do domínio desse sentimento. Se você conseguir se abrir para seu medo ou sofrimento e dirigir sua atenção para a experiência da própria sinceridade, no fim poderá descobrir uma coisa maravilhosa: sua sinceridade é mais poderosa do que os sentimentos para os quais você está se abrindo. A abertura para o medo é muito maior e mais forte do que o próprio medo. Essa descoberta o coloca em contato com sua capacidade para a força, a bondade, a estabilidade e o discernimento diante de qualquer coisa pela qual esteja passando. Isso é *sofrimento consciente*.

Se aprendi alguma coisa em trinta anos como psicoterapeuta, foi o seguinte: se você conseguir permitir que sua experiência ocorra, ela vai soltar seus nós e se abrir, permitindo-o experimentar a si mesmo de forma mais profunda e mais fundamentada. Não importa quão dolorosos ou assustadores pareçam seus sentimentos; sua disposição para se comprometer com eles vai suscitar sua força essencial, levando-o a uma direção mais positiva na vida. Meu trabalho, tanto com outras pessoas quanto comigo mesmo, me convenceu totalmente dessa verdade que se tornou a base de minha prática terapêutica.

Assim como a profundidade e a quietude do oceano estão ocultas sob as ondas tempestuosas que se movem em sua superfície, o poder de sua natureza essencial está oculto sob todos os seus sentimentos turbulentos. Lutar contra seus sentimentos só faz que você continue se agitando em torno de sua própria superfície tempestuosa, desconectado de seu ser em sentido mais amplo. Debater-se nas ondas o impede de ir para debaixo delas e de ter acesso ao poder, à afeição e à receptividade do coração.

Permitir-se ter sua experiência, ao contrário, lhe dá o ensejo de flutuar ou surfar nas ondas, em vez de ser carregado por elas. Nos momentos em que você se deixa ter sua experiência e se abre a ela *você é* – você está ali para si mesmo. Você está dizendo *sim* a si mesmo como você é, do modo como está se sentindo exatamente naquele instante. Esse é um profundo ato de autoamor.

Como, então, começar a se permitir ter sua experiência? Como se relacionar com seus sentimentos, estando eles exatamente do jeito que estão neste momento, independentemente de quão difíceis eles possam ser? A chave é sempre começar exatamente onde você está, qualquer que seja esse lugar.

Por exemplo, se neste momento você está confuso ou perturbado pelo que estou sugerindo, pode começar simplesmente reconhecendo a confusão ou a perturbação, sem julgá-la como algo ruim ou tentar se livrar dela. Ou, se estiver disposto a entrar em sintonia com a zona de desamor dentro de você, poderá ver o que ela provoca em seu corpo. Simplesmente *reconheça* as sensações e entre em contato com elas por meio de sua consciência, ao mesmo tempo que permanece atento a sua respiração: "Sim, é isto que está aqui.". Quando você para de se esforçar para impedir sua experiência, você começa a relaxar.

Em seguida, *permita* que o sentimento esteja ali e dê a ele bastante espaço. Permitir não significa chafurdar no sentimento ou personificá--lo, mas abrir lugar em torno das sensações presentes em seu corpo. Isso é como dar algum espaço para o sentimento "respirar", para que ele não fique confinado ou restrito. Experimente o espaço que há em torno de seu sentimento e perceba como esse território deixa o sentimento estar ali, exatamente do jeito que ele é, sem tensão ou resistência. Deixe-se repousar nesse espaço. Quando fizer isso, vai descobrir que está abrigando o sentimento de uma maneira muito mais suave. Você terá se tornado a consciência mais ampla na qual a mágoa está retida. Então não haverá nada contra o que lutar, e o corpo começará a se estabilizar.

Quando você se sentir à vontade, estável, poderá ir também um pouco mais adiante e verificar se consegue se *abrir* diretamente ao sentimento de desamor, sem impor nenhuma barreira contra ele. Seja bondoso e compreensivo, como seria com seu filho ou com seu amigo mais querido se ele estivesse magoado. Um passo à frente consiste em *penetrar* em sua consciência bem no centro do sentimento, entrando suavemente nele a fim de unirem-se de modo que não haja nenhum ponto de separação.

Quando você consegue entrar e relaxar dentro de um sentimento, ele não permanece mais como um *outro* que pode atormentá-lo ou oprimi-lo. Quando consegue estar presente no centro de um sentimento, você descobre que sua natureza é uma energia fluida. Se a mágoa do desamor é uma dor não digerida de sua infância, permitir-se experimentá-la com disposição incondicional é uma maneira de digerir essa antiga dor. Assim, ela deixa de ser algo sólido e congelado que obstrui sua vida. Essa é uma forma simples e direta de começar a curar sua ferida, o bloqueio temeroso em que você ficou paralisado quando criança.

Estar à disposição de si mesmo dessa maneira é um ato de amor que abre o caminho para suas habilidades mais intrínsecas. Há um princípio simples operando aqui: quando você se abre para sua experiência, seu ser se abre para você. E quando o ser mais amplo que você realmente é se revela, você tem a experiência de sentir-se confortável consigo mesmo. Estando à vontade consigo mesmo, você tem acesso a suas capacidades inatas – força, aceitação, paz, compaixão –, que o ajudam a se conectar e se relacionar com aquilo pelo que está passando.

Entrando em acordo consigo mesmo e com suas habilidades, você descobre o que é mais verdadeiro do que qualquer autojulgamento: que você é admirável exatamente do jeito que é, em sua natureza essencial. Você prova a bondade natural que lhe é inerente e que tem o gosto refrescante de água pura. Descobrir isso o ajuda a apreciar sua vida, mesmo com todas as suas dificuldades. Permitir-se ter sua experiência é a porta que dá acesso à autoaceitação e ao autoamor.

Permitindo-se ser quem você é

Mas o que é exatamente autoamor? Em minha experiência, é algo muito mais sutil e profundo do que as palavras de estímulo proferidas por gurus de autoajuda, que proclamam: "Acredite em si mesmo, você é fantástico. E que se dane o resto! As pessoas gostam de você!".

O autoamor é algo muito mais sagrado e misterioso do que isso. É um brilho ou uma atmosfera de ternura interior que pouco a pouco começa a impregná-lo, à medida que você aprende a dizer *sim* a si mesmo, como você é, neste exato momento. Essa é uma base essencial para o crescimento espiritual, como reconheceu Swami Prajnanpad quando disse: "A coisa mais importante de todas é amar a si mesmo.".

A coisa mais amorosa que você pode fazer por si mesmo é se deixar ser. Ser o quê? O ser que você é, obviamente. Essa é a definição de autoamor que eu proponho: *permitir-se ser quem você é.*

Você está consciente desse ser que você é, esse ser que quer viver em você, através de você, como você? Se for sincero, vai admitir que mal conhece essa sua dimensão mais profunda. Esse ser que você é só pode ser encontrado no âmago de sua experiência de vida neste exato momento. Tudo o mais é apenas uma memória ou projeção mental.

O ser que você é não é algo em que você possa envolver sua mente. Está além de qualquer coisa que possa pensar. Embora você possa ficar irritado quando os outros impõem suas ideias ou o rotulam, provavelmente não percebe o quanto você faz isso consigo mesmo. Quem você era ontem, no ano passado ou na infância, adolescência, início da idade adulta – nada disso sinaliza quem você é; são apenas lembranças. Manter na mente uma imagem ou conceito de quem você é acaba por enjaular sua alma, impedindo-o de viver de maneira livre e expansiva.

Evidentemente, se você insiste em considerar-se ruim, indigno ou inferior, pode ser um proveitoso primeiro passo pensar em si como alguém bom, enxergar-se sob um enfoque mais positivo ou compassivo. Muitas pessoas acreditam que esse tipo de afirmação positiva pode ser um passo útil no caminho rumo ao autoamor genuíno. Mas esse é também um exercício conceitual que nos divide em dois: um eu, o sujeito, apreciando um eu distinto (mim), o objeto desse amor. Para que o autoamor realmente ganhe vida, ele tem de ser mais do que apenas um conceito, uma crença ou um solilóquio. Tem de envolver uma nova maneira de eu habitar em mim mesmo, de sentir e celebrar a presença viva que sou, em vez de apenas manter alguma autoimagem favorável.

O autoamor envolve dizer *sim* a mim mesmo em qualquer situação pela qual eu esteja passando, em vez de me apegar a algum conceito do que eu deveria ser e como deveria ser. Qualquer ideia que eu tenha sobre quem sou ou quem deveria ser jamais é precisa, pois sempre está aquém da presença viva que eu sou, presença essa que se mostra revigorada a cada novo momento. Quem eu sou não é uma entidade fixa, mas um fluxo dinâmico de experiência, ativo em todo momento – desde que eu permita que seja assim.

Para ter uma amostra do que estou descrevendo aqui, você pode simplesmente abandonar qualquer conceito que tenha de si mesmo neste exato momento. O que acontece quando você se permite simplesmente estar aqui, neste instante, sem depender de quaisquer imagens e crenças familiares armazenadas no "disco rígido" da memória dizendo-lhe quem você é? De início, pode ocorrer uma sensação de desorientação. Se você puder simplesmente relaxar por um instante, sem recuar de medo, pode haver um momento em que vai se sentir renovado como uma presença viva, um ser misterioso e insondável que está disponível e desperto, pronto para reagir aos processos mutáveis de cada momento.

Permita-se ser esse alguém, ainda que de início apenas por um momento, aqui e ali. Isso vai ajudá-lo a se acalmar e a se conectar consigo mesmo, proporcionando uma percepção nova e espontânea de sua dignidade e valor inerentes. Momentos de renovação como esses o fazem ficar feliz apenas por estar vivo, para ser quem você é. Quanto mais você experimenta essa conexão interior, mais ela dá origem a um brilho interno, que é a experiência direta e imediata do autoamor.

Dizendo *sim* a si mesmo

Dizer *sim* a si mesmo também significa aceitar o ser confuso e imperfeito que você é. "Era fácil amar a Deus em tudo o que era belo", escreveu São Francisco. Mas ele reconheceu que, para ser uma coisa real, o amor deve abranger tudo, inclusive toda a escuridão e todo o sofrimento da vida. Então, ele prosseguiu, dizendo: "Entretanto, as lições mais profundas me instruíram a aceitar Deus em todas as coisas.".

Como aceitar Deus em todas as coisas dentro de você mesmo? Não apenas a "bela", mas também o coração da "fera"? Como escreveu o líder espiritual alemão Rudi (Swami Rudrananda):

> A única coisa que pode criar uma unidade dentro de você é a capacidade de enxergar mais de si mesmo à medida que você se esforça todos os dias para se abrir mais profundamente, e dizer "O.k., eu tenho 'pavio curto'", "Eu sou agressivo", "Eu adoro ganhar dinheiro", ou "Eu não sinto nada por ninguém". Quando você reconhecer que é todas essas coisas [...] finalmente conseguirá respirar fundo e permitir que elas se exponham [...] Seu ego, seus preconceitos e suas limitações são sua matéria-prima, a partir da qual você se avalia, cresce e absorve a energia. Se você processar e depurar essa matéria-prima totalmente, poderá se abrir de modo consciente. Do contrário, nunca chegará a nada que represente a si mesmo.

De modo similar, uma participante de um de meus *workshops* contou que descobrira o autoamor de uma forma totalmente inesperada: "Eu estava atravessando um período de intenso estresse devido a alguns acontecimentos na minha vida que desencadearam muito sofrimento e auto-ódio. Um dia, fui finalmente obrigada a admitir: "A verdade é que neste exato momento eu sou um ser humano completamente arruinado e não posso ser nada além disso.". Eu nunca havia admitido nada desse tipo antes. Minha história sempre implicou ser 'perfeita' – quer isso significasse ser a melhor aluna da classe ou a pessoa mais espiritualmente realizada. Por isso, remover todas as camadas de arrependimento ou justificativa por ser tão confusa foi algo muito profundo para mim. Quando me permiti ficar irremediavelmente arruinada e, pelo menos naquele momento, incapaz de ser qualquer outra coisa diferente, as portas começaram a se abrir para mim. E continuaram se abrindo. Como não consegui pôr em prática todos os meus conceitos sobre o que deveria sustentar o autoamor, tive uma experiência de amor próprio que foi totalmente 'não conceitual'. Eu me senti enraizada em mim mesma de uma maneira direta e imediata, porque todas as minhas ideias sobre o que isso significava para mim mesma se dissolveram completamente. Eu me voltei para mim mesma de uma forma que eu jamais poderia ter imaginado antes.".

Em geral, não conseguimos encarar as partes brutas, confusas e feridas de nós mesmos porque tememos que o crítico nos persiga por causa delas, usando-as como evidência para nos enquadrar como "o eu bestialmente ruim". Contudo, permitirmo-nos ser quem somos significa parar de tentar ser um eu bom, porque reconhecemos que todas as nossas ideias de nós mesmos como um eu bom ou ruim são meramente conceitos mentais.

Você pode desenvolver uma prática simples de dizer *sim* a si mesmo todos os dias. Pare por um momento, preste atenção ao que está acontecendo dentro de você e depois reconheça isso de uma maneira neutra: "Sim, é isto que está aqui", "Sim, eu estou nervoso"; enfrente ou toque levemente o nervosismo com sua consciência. *Não rejeite nada que você esteja experimentando*. Em vez disso, encare essa experiência durante um breve momento de consciência não julgadora – tocando-a e permitindo que ela aconteça. Essa é uma maneira simples de dizer *sim* a si mesmo, uma forma abreviada de amor e presença incondicionais que você pode praticar a qualquer momento, onde quer que esteja, o que quer que esteja fazendo.

"Sim, há uma preocupação." Entre em contato com isso e deixe que aconteça, tocando sutilmente o sentimento de preocupação em seu corpo. Assuma: "Sim, eu estou agindo de modo mesquinho" e observe como você é afetado por estar consciente disso, sem julgamento ou manipulação. *Sim*, aqui, não significa "Eu gosto disto", "Eu aprovo isto", "Acho que isto é bom" ou "Estou feliz que seja assim". Significa simplesmente "Sim, é isto o que está aqui agora. Eu posso enfrentá-lo porque é o que está acontecendo. E posso permanecer aberto a mim mesmo, ainda que isto esteja vindo à tona.". Quando você consegue oferecer esse tipo de *sim* a si mesmo, isso silencia o crítico e coloca um ponto-final no julgamento interno.

Se você tem muita dificuldade de dizer *sim* a alguma coisa, pode sempre dizer *sim* ao seguinte: "Sim, estou lutando contra isto; estou tendo dificuldade para deixar que isto aconteça.". "O.k., não estou aceitando isto neste exato momento; há uma recusa em mim." Observe, sinta a resistência ou a recusa e deixe-a ficar, conscientemente. Não apenas a observe, mas sinta-a e lhe dê espaço para manifestar seu vigor; ao mesmo tempo, permaneça consciente disso de uma forma não julgadora. Se você julgar, esteja atento também a isso e, mais uma vez, admita: "O.k., este é um julgamento.". Deixe o julgamento ficar ali na consciência, sem criticá-lo. "Sim, estou aqui disponível a mim mesmo, embora o autojulgamento esteja surgindo." Veja se consegue ser uma testemunha neutra e interessada pelo que acontece em sua mente e em suas emoções, estendendo a complacência para qualquer coisa que esteja ali, no espírito do "Sim, sim, é isto que está aqui.".

Não permita que esse seja um exercício conceitual. Você não tem de verbalizar o "sim", embora isso com frequência possa ser útil. O mais importante é, por um momento, entrar em contato com o que está ali, deixá-lo estar e experimentar a si mesmo naquela circunstância, de maneira sincera, permitindo-se ser como você é, ainda que possa não gostar do que está sentindo. "Sim, eu posso estar aqui comigo mesmo, embora a ansiedade esteja começando a se fazer sentir... embora a insegurança esteja presente... embora a solidão esteja aqui."

Enquanto você se abre brevemente a qualquer que seja a situação, experimente de forma direta a abertura que consegue presenciar e permita-a estar ali. Observe que essa abertura é muito maior do que qualquer das circunstâncias pelas quais você tenha passado. *Seja* você essa abertura, pois isso pode acolher sua experiência de um modo bondoso e amável. Tal atitude o coloca em contato com o ser maior que você é, um ser que não está aprisionado em nenhum desses estados da mente.

Acima de tudo, não se identifique com nenhum dos estados mentais pelos quais você poderá passar, não deixe que signifiquem algo a seu respeito. ("Estou com medo... Isso significa que eu sou uma pessoa medrosa... Sempre fui desse jeito... É simplesmente minha maneira de ser.") Quando você reconhece "Estou com medo", isso não significa que o medo seja quem você é. Ao contrário, é uma maneira abreviada de dizer: "Estou consciente do medo que está surgindo em meu corpo e em minha mente.". O "eu" que pode reconhecer o medo não é, ele próprio, o medo. Trata-se do ser maior que você é, a consciência de que você consegue ver e conter qualquer coisa que esteja dentro de si – todas as qualidades, todos os sentimentos, todos os pontos de tensão, todos os padrões condicionados.

Mas se você se percebe paralisado nessa identificação, reconheça isso também de uma maneira bondosa: "Está bem, estou encarando isso como algo pessoal", e observe como é reconhecer isso sem considerá-lo errado.

Dizer *sim* a qualquer coisa que esteja dentro de você é uma maneira de trazer à tona a consciência maior que pode conter toda sua experiência em um espaço de cordialidade e complacência. Com o tempo, você verá como isso o ilumina e o liberta. Swami Prajnanpad resume da seguinte maneira esse princípio básico do autoamor: "Diga *sim* a tudo. Não rejeite nada, principalmente o que está dentro de você.".

Uma compreensão bondosa de si mesmo

Aprender a aceitar sua experiência humana exatamente como ela é, imperfeita do jeito que é, traz uma compreensão bondosa para os locais em que você tem mantido ressentimentos contra si mesmo. Por exemplo, o que tipicamente lhe traz dificuldades ou o faz sentir-se culpado? Tente articular isso em uma única sentença. Se você tem vários ressentimentos diferentes – "Sou preguiçoso", "Como demais", "Não me esforço o bastante", "Sou egoísta", "Magoo as pessoas", "Sou covarde" – escolha um que o fere profundamente.

Os ressentimentos contra si mesmo em geral contêm dois elementos: um discernimento claro mesclado com um julgamento crítico severo. Por exemplo, você reconhece que é egoísta, mas julga isso como um sinal de que há algo de errado com você. Reserve um momento para incitar esses dois elementos, separando o discernimento da culpa. Veja se consegue colocar a culpa de lado. Depois coloque-se diante daquilo que pode discernir sobre si mesmo e olhe para isso como se você fosse um pai, uma mãe, um amigo ou um professor sábio, amoroso, absolutamente compreensivo.

Por exemplo, se seu ressentimento é "Sou egoísta", coloque de lado qualquer autocensura e veja o que sua parte sábia entende sobre isso. Talvez você perceba que a mágoa surge da insegurança que tinha na infância com relação a ser acolhido e aceito – o que o fez tentar enfrentar suas necessidades de uma maneira dominadora e impulsiva. Lidando diretamente com a zona de egoísmo, sua mente pode dizer algo como: "Sua experiência como criança foi que se você não cuidasse de si, ninguém mais cuidaria. Não espanta que você se sinta impelido a agarrar qualquer coisa que puder. É uma forma de tentar se sentir seguro.".

Uma mulher, em um de meus grupos, se condenava por não expressar o que queria. Sua compreensão bondosa era: "Quando você era criança, nunca lhe foi permitido ter suas próprias ideias e sentimentos. Sempre que você expressava o que sentia ou aquilo em que acreditava, mandavam-lhe ficar quieta. Ninguém jamais admitiu que você tivesse sua própria voz. Não surpreende que tenha medo de se expressar.". Quando perguntei a essa mulher como ela se sentiu depois de dizer isso, ela falou: "Na primeira vez em que senti a autocensura, meu peito ficou apertado. Mas agora eu sinto empatia por mim e a ternura está fluindo em torno de meu ser.".

Essa mulher já sabia que não se expressava porque ninguém a encorajou a fazê-lo quando criança; portanto, não havia nenhuma novidade nisso. O novo nessa experiência era *sentir* que compreendia a si mesma no que dizia respeito a tal situação, o que lhe permitiu abrir seu coração para ela própria.

Por isso, ao praticar a compreensão bondosa, é importante sentir como esse discernimento o afeta. Quando você tem uma compreensão genuína de si mesmo, a sensação é a de um abraço caloroso que libera uma energia reconfortante em seu corpo. Permita-se sentir isso. Embora você com frequência tente conseguir que os outros o compreendam, a compreensão que mais cura é a sua própria. Quando o calor da compreensão começa a fluir, ele elimina todo o seu ressentimento contra si mesmo, permitindo que o autoamor tome lugar.

Apreciando o que é seu

Um estágio posterior no desenvolvimento do autoamor é conseguir avaliar o que você tem de singular para oferecer. Cada um de nós tem uma contribuição especial para dar a este mundo, especialmente quando nos mostramos como o ser que somos. A singularidade do individual, segundo Martin Buber, é ser portador de um dom especial. Ninguém mais pode manifestar da mesma forma que você aquilo que só você traz para este mundo, por meio de sua qualidade de ser particular. De acordo com Buber:

> Cada pessoa nascida neste mundo representa algo novo, algo que nunca existiu antes, algo original e único. É dever de cada pessoa [...] saber e considerar [...] que nunca houve ninguém igual a ela no mundo, porque se tivesse havido alguém assim, não haveria necessidade de ela estar no mundo. Cada pessoa é uma coisa nova no Universo e é convocada a cumprir sua particularidade neste Universo. A principal tarefa de cada pessoa é a realização de suas potencialidades únicas, sem precedentes e jamais recorrentes, e não a repetição de algo que outro, ainda que maior, tenha alcançado.
>
> A mesma ideia foi expressada por Rabbi Zusya quando ele disse, pouco antes de sua morte: "No mundo que está por vir não vão me perguntar 'Por que você não foi Moisés?'. Vão me perguntar 'Por que você não foi Zusya?'".

O que significa ser você mesmo nesse sentido, "ser Zusya"? Significa dizer *sim* ao ser que você é. Só assim será possível a manifestação plena da contribuição única que sua existência representa.

O hábito de nos compararmos às pessoas ou tentarmos ser como elas é um dos maiores obstáculos ao autoamor. Essa preocupação de sermos como os outros, ou melhor ou pior do que eles, é uma maneira de nos desonrar. Como escritor, por exemplo, é certo que sinto inveja de colegas que escrevem livros rapidamente. Um amigo demorou entre três e seis meses para escrever livros que se tornaram importantes *best-sellers*. Meus livros, ao contrário, sempre demoram alguns anos para serem concluídos e ainda não chegaram às listas dos mais vendidos, tal como os dele chegaram.

Posso desejar conseguir escrever mais depressa e com mais facilidade como o meu amigo. Mas, para ser honesto comigo mesmo, também tenho de reconhecer que seus livros não são do tipo dos meus. Permitir-me ser o ser que eu sou significa apreciar a jornada particular em que estou e a maneira como minha escrita reflete isso, em vez de tentar escrever como outra pessoa. Afinal, ninguém mais pode falar usando minha voz. Enquanto eu não conseguir apreciar o que tenho de meu a oferecer, vou colocar obstáculos ao que quer que venha de mim.

Similarmente, cada um de nós tem algum dom que é unicamente seu. Uma pessoa pode ser um tipo especial de mãe, outra pode ser um comunicador poderoso, outra pode ser um ouvinte sensível. Outra ainda pode ser intensamente dedicada à verdade, enquanto outra pode ter a capacidade de inspirar as pessoas a fazerem o melhor que podem. A beleza que há nesses dons só pode vir à tona quando apreciamos que ela quer surgir por meio de nós, sem tentar corresponder a algum padrão preconcebido em nossa mente.

Além disso, até mesmo essa descrição dos dons das pessoas fica abaixo do alvo, porque o dom mais especial que você tem a oferecer é a qualidade viva de sua presença, a centelha indescritível que faz de você *você*. Cada alma tem seu próprio caráter multifacetado, como uma pedra preciosa – sua própria "qualidade característica". Embora ninguém possa exatamente reconhecer com perfeição esse "algo especial", isso é o que as pessoas apreciam quando amam você. "Qualidade especial" significa ser *exatamente assim*. Você é exatamente assim a sua maneira; eu sou exatamente assim a minha. Somos todos exatamente o que somos, e, no fim das contas, não podemos ser outra coisa. Isso é motivo de celebração.

Para alguns, amar a si mesmo como se é pode parecer egoísmo. Mas, na verdade, proporciona o fundamento mais poderoso que há para amar os outros. Porque o ato de se deixar ser quem você é o ajuda a reconhecer a importância de permitir também aos outros serem quem são. Uma das coisas mais amorosas que você pode fazer é permitir que os outros sejam diferentes de você e libertá-los de suas exigências e expectativas. Quando você entende com generosidade que os outros têm suas próprias leis e devem seguir seu próprio caminho, exatamente como você, a necessidade de controlá-los ou de se fazer mais importante do que eles começa a se desvanecer.

Os elementos do autoamor explorados neste capítulo – ser menos rigoroso com suas ideias sobre si mesmo, permitir-se ter sua experiência, deixar-se ser quem você é, dizer *sim* a si próprio, compreender sua fraqueza com amabilidade e apreciar o dom único que sua vida tem a oferecer – são todos modos de abrir seu coração para você mesmo. E essa é a chave indispensável que vai destrancar a porta através da qual o amor absoluto e perfeito poderá entrar e se estabelecer dentro de você.

DESEJO SAGRADO

Eu quero muita coisa.
Talvez eu queira tudo.
RAINER MARIA RILKE

A intensidade do desejo
Faz todo o trabalho.
KABIR

Dizer *sim* a nós mesmos, permitirmo-nos ser como somos, abrir nossos corações para nós mesmos – tudo isso serve para acender o brilho interno do autoamor, trazendo a cura para nosso principal sofrimento. Entretanto, para nos libertarmos do espírito do desamor, um elemento ainda precisa ficar claro: devemos ser capazes de deixar o amor fluir o tempo todo para dentro de nós.

Mas como isso é possível se nossa capacidade de abertura para o amor foi prejudicada por devastações causadas pela mágoa, pela desconfiança e pelo medo? Felizmente, há um lugar simples e óbvio para começar: nosso desejo e nossa necessidade do amor propriamente dito.

Isso pode ser desafiador, pois nós também podemos nos relacionar de maneira conflituosa com aquilo que queremos. Podemos ter aprendido, em tenra idade, que nossa necessidade de amor nos colocava em perigo. Muitas vezes, os filhos de pais emocionalmente distantes se fecham ou negam seu desejo de amor porque é muito doloroso estar sempre se sujeitando a tanta frustração e a tantos desejos não realizados. E os filhos de pais exageradamente invasivos ou controladores por vezes têm de reduzir sua necessidade de conexão para poderem mais facilmente criar uma vida própria, distinta.

Como resultado desses conflitos iniciais, a maioria de nós cresce julgando ou negando a necessidade de amor. Podemos nos envergonhar ou temer nosso desejo, associando-o a intensa vulnerabilidade, aflição ou privação. Outro obstáculo para alguns é o ensino religioso que absorveram, o qual condena o desejo como um sinal de sua natureza bruta e animal, arrastando-o para a lama. E então, embora nosso desejo de amor seja inegável, ele com frequência parece demasiado ameaçador para nos permitir reconhecê-lo plenamente. Embora não possamos parar de desejar, não queremos desejar.

Assim, nossa relação com o desejo se torna perturbada e a experimentamos como algo que nos diminui. E, já que não estamos em boas condições com nosso desejo, temos dificuldade para expressá-lo de maneira clara e sem constrangimento. Frequentemente fingimos para nós mesmos, ou para os outros, que não queremos o que queremos.

Entretanto, não poderemos receber amor se não estivermos abertos à experiência pura e terna de desejá-lo. Suprimir ou negar o desejo interrompe nossa disponibilidade para sermos nutridos, e isso só intensifica a fome.

Talvez, se conseguíssemos nos relacionar com nosso desejo, poderíamos perceber que ele é sagrado. Afinal de contas, queremos o amor porque intuitivamente sabemos que ele pode nos libertar da prisão do eu isolado, permitindo que nos sintamos conectados e integrados com toda a vida. O que há de tão ruim em querer isso?

Tornando o desejo transparente

Ao trabalhar com casais, em geral descubro que um ou mesmo os dois parceiros têm problemas para expressar claramente seu desejo, ou para reconhecer o que querem. Quando os convido a declarar sua vontade de modo objetivo, o que muitas vezes surge, em vez disso, é queixa, exigência, evasão ou retórica. Eles podem facilmente dizer o que seu parceiro está fazendo de errado ou não lhes está proporcionando. Mas quando se trata de expressar sua vontade real, há incerteza, hesitação.

Por que é tão mais fácil se queixar, estressar-se, fazer exigências ou atacar do que expressar abertamente o que queremos? A resposta é simples: a queixa e a exigência funcionam como um escudo defensivo atrás do qual podemos nos esconder, enquanto o desejo faz que nos sintamos expostos. Permitir que os outros vejam quanto desejamos seu amor significa baixar nossas defesas e desnudar nossa alma. Isso é ainda mais difícil se nossa guarda está constantemente montada contra o outro ruim que não se importa conosco. Portanto, não surpreende o fato de que não queremos expor nosso desejo de amor. É muito mais fácil evitar riscos concentrando-nos no fato de os outros não nos darem o que queremos.

Julie e Rick estavam à beira do divórcio depois de doze anos de casamento e três filhos. Rick já estava praticamente fora de casa, tendo iniciado um período de separação experimental. Sua queixa básica era de que o coração de Julie não estava aberto para ele, enquanto a queixa dela era de que ele não se empenhava no relacionamento.

Julie reconheceu que desde a infância tinha problemas para abrir seu coração para outra pessoa, por medo do abandono. Então, era muito mais fácil para ela se queixar da falta de compromisso de Rick do que mostrar ao marido quanto ela queria que ele a aceitasse, especialmente agora que ele já estava prestes a sair de casa. Quando eu perguntei a Julie o que ela mais queria no relacionamento, sua primeira declaração foi:

— Eu quero perceber que Rick está se empenhando.

— Você pode dizer o que isso significa para você? Qual é a experiência que está querendo ter com ele?

— Não acredito que ele realmente se importe comigo.

Aqui, mais uma vez, ela estava se queixando. Eu lhe propus transformar isso em uma declaração do que ela queria: — Então, você quer saber se ele realmente se importa com você?

— Sim.

— Você pode lhe dizer isso diretamente?

Voltando-se para Rick, Julie ficou quieta durante algum tempo, hesitante e ansiosa. Finalmente, disse: — Eu quero ver você empenhado no relacionamento.

Contudo, isso soou como uma ordem ou uma exigência, como se ela estivesse fundamentando um argumento, e não revelando de maneira transparente o que era verdade para ela.

— Você quer isso neste exato minuto? – perguntei.

— Hum, sim – disse ela com alguma hesitação.

– Tem certeza? Verifique isso dentro de você e veja se isso é verdade exatamente agora, neste momento.

– Sim, eu gostaria disso.

– Você pode fazê-lo enxergar isso?

Ela mais uma vez se voltou para Rick e fez uma pausa. Depois disse, rápida e objetivamente: – Eu realmente quero sentir que você se importa comigo.

Desta vez, quando ela disse isso, suas palavras tiveram mais ressonância. Ela realmente sentia seu desejo enquanto falava, ia direto ao ponto. Não era mais uma exigência, mas um desejo transparente que convidava Rick a fazer algo. Ele imediatamente arregalou os olhos. Estava obviamente emocionado.

Eu perguntei a ele como se sentia ao ver Julie expressar isso. Ele disse: – É maravilhoso; na verdade, não consigo reagir a isso.

Virando-se para Julie, ele falou: – Isso me faz sentir que eu *realmente* quero ficar com você.

Conseguir enxergar que o que havia dentro do coração de Julie era, de fato, o que ele queria, e a sinceridade dela o convidou e o inspirou a também se mostrar mais inteiramente.

Julie ficou um pouco confusa. Ela não entendia o que havia acabado de acontecer. Por que ele de repente reagiu a ela de maneira tão calorosa se não o fez tantas vezes antes?

Eu disse a ela: – É assim: quando você disse que queria senti-lo aqui com você, *você* estava realmente aqui, *você* estava se abrindo. E é isso que ele mais quer: sentir que seu coração está aberto e transparente, e não oculto por trás de suas queixas.

Permitindo que seu parceiro enxergasse o quanto ela queria que ele se abrisse, ela própria se abriu. Com seu coração exposto, pedindo-lhe que ficasse com ela, *ela* estava ali, desnudada. A atitude de Julie possibilitou que Rick se sentisse conectado a ela, e era isso o que *ele* mais queria.

Usualmente, reconhecer e revelar o desejo profundo de se sentir amado requer algum esforço dos dois parceiros. Mas quando um deles consegue fazer isso, sem queixa ou exigência, há uma imediata sensação de alívio – de ambos os lados. É bastante consolador chegar à simples verdade e expressá-la abertamente: "Eu realmente quero sentir seu amor.".

O parceiro que recebe essa mensagem também pode relaxar porque não tem mais de evitar a queixa ou a exigência do outro. Mas há um alívio ainda mais profundo para o parceiro que escuta: quando os outros revelam seu desejo de uma forma transparente e não defensiva, eles estão deixando que você os enxergue, oferecendo um ponto de entrada que permite que o contato aconteça. Momentos de declaração da verdade nua revelam a beleza de seu parceiro, permitindo que você de repente se reconecte à razão pela qual se apaixonou por ele.

Situações arrebatadoras como essa também ocorrem frequentemente quando trabalho com casais diante de um grupo. Quando um parceiro simplesmente revela o que mais quer, todas as pessoas na sala imediatamente se veem fixando sua atenção naquela pessoa. Todos sentem uma empatia natural, sem sequer ter de pensar a respeito disso.

É vital entender o princípio que está em ação aqui, pois é ele que vai nos permitir receber não apenas o amor humano, mas também o amor absoluto diretamente da fonte. O essencial é se tornar transparente – deixar que o desejo profundo de amor e conexão seja exposto. Isso nos torna permeáveis, abrindo o canal através do qual o amor pode entrar.

O espectro do desejo

É claro que o fato de experimentarmos a força plena de nosso desejo de amor também pode nos deixar inseguros, oprimidos, destruídos. Mas é importante entender que o desejo em si não é tão superpoderoso. O desejo só se torna opressivo quando está ligado ou unido a um objeto que imaginamos que *devemos ter* para nos sentirmos bem. É essa fixação em um objeto externo, essa obsessão, que se torna incapacitante e escravizante.

Em sua natureza essencial, o desejo é um calor radiante. É uma onda de excitação corporal, de força vital pura, que quer alcançar, fazer contato e se conectar com a vida que nos cerca. Mas, à medida que ele se irradia, em geral se une a algo ou a alguém – como uma ventosa se fixando a um objeto. Essa ligação de nossa força vital com um objeto externo é o que torna o desejo febril e torturante.

Afinal, na verdade, nunca temos tanto controle sobre nenhuma das coisas mais importantes na vida – e muito menos sobre as outras pessoas. Simplesmente não podemos controlar como elas reagem a nós ou quanto nos desejarão em retribuição. Por isso, quando nosso querer se liga a outras pessoas e ao que elas fazem, isso nos coloca à mercê delas. Nosso estado emocional torna-se sujeito aos caprichos dos outros. Nós nos sentimos desamparados, e a mente gira exaltada, tentando imaginar como conseguir que nos deem aquilo de que precisamos.

Ao mesmo tempo, a fixação em outra pessoa nos arranca de nós mesmos, destruindo a conexão com nosso próprio núcleo mais básico e vital. Uma vez que isso cria sentimentos intensos de desesperança e incapacidade, não surpreende que muitas pessoas acabem bloqueando totalmente sua vontade e sua necessidade.

É contra essa qualidade viciante do desejo – em que a força vital fica encerrada em um objeto externo – que muitos ensinamentos religiosos advertem. Foi a essa tensão insuportável que Buda se referiu quando disse: "A causa do sofrimento é o desejo.".

Durante muitos anos tive problemas com essa declaração de Buda. Eu certamente conseguia enxergar que a fixação em objetos causava estados dolorosos de obsessão e vício. Mas descobri que faltava algo nessa formulação, porque estava claro para mim que o desejo também contém poder e inteligência reais, que ele pode mover montanhas e é, definitivamente, a energia que nos impele a estabelecer um contato íntimo com a vida e a nos movermos na direção em que pretendemos ir. Eu também não queria deixar de me apaixonar ou de sentir um vínculo profundo com aqueles que me são queridos. Descobri que a pura energia do desejo, se experimentada diretamente, sem pressão para a satisfação, tinha uma radiação luminosa e uma beleza própria. Era a seiva da própria vida.

Levei anos para identificar essa aparente contradição e para entender como o desejo pode ser a fonte tanto de um sofrimento sem fim quanto de uma grande felicidade. A chave estava em reconhecer que o desejo pode surgir em todo um espectro de diferentes formas – do bruto ao sutil, do histérico ao sublime – dependendo de quão arraigado ele esteja a um objeto externo ou a um resultado preestabelecido.

Em uma extremidade do espectro está o desejo em sua forma mais rude – que Buda chama de *paixão*. Essa se torna especialmente destrutiva quando assume a forma de uma exigência coerciva ou de um ultimato: "Faça o que eu quero, senão... vou deixar você... vou puni-lo... vou atirá-lo de volta à Idade da Pedra.". Uma forma mais polida de paixão é o apelo impositivo: "Por favor, dê-me isso, por favor, por favor, por favor.".

Menos extremo é o desejo comum, convencional – tão somente desejar algo ou dele necessitar. Embora menos coercivo do que os ultimatos, as exigências e os apelos, o desejo comum também causa estresse e tensão quando espera ou requer uma forma fixa e preconcebida de satisfação, que está, na verdade, além de nosso controle.

Na extremidade mais sutil do espectro, quando o desejo não é mais uma ventosa se agarrando a um determinado resultado, ele pode ser experimentado como uma compreensão vívida das coisas ou até mesmo como a pura felicidade. Esse é um dos segredos profundos que vem das tradições tântricas do Oriente. A chave para relacionar-se bem com seu desejo é concentrar sua atenção na energia do próprio desejo, em vez de tentar controlar o objeto do desejo ou satisfazer-se por meio dele.

Quando você se vê prisioneiro da necessidade bruta, da luxúria, da paixão ou da obsessão, pode aprender a desviar sua atenção do objeto do desejo e voltá-la para o desejo em si, como um sentimento presente em seu corpo. Então, pode tentar satisfazê-lo com a presença incondicional, como foi descrito nos dois capítulos anteriores. Observe como a intensa energia da fome ou da paixão se movimenta em seu corpo, abra-se a esse movimento e conduza essa energia concentrando nela sua consciência. Direcionar essa energia é fazer como o surfista que aprende a permanecer de pé sobre uma forte onda. Você está unido ao poder da onda, e essa sensação é fantástica.

Se direcionar o desejo é como surfar uma onda, ser levado pelo desejo é como ser atirado ao léu pelas correntezas. Essa é uma diferença sutil, porém crucial, similar à distinção entre o sofrimento consciente e o inconsciente. Você está lidando com a mesma energia, quer se relacione a ela conscientemente, quer não. Mas, no desejo consciente ou no sofrimento consciente, você penetra na experiência advertidamente, de modo que ela não o oprime, não o deixa sem chão nem o destrói. Você tem uma experiência consciente e deliberada do desejo e de como ele se move através de você.

Por meio da experiência da pura energia do desejo, você pode então descobrir que a natureza mais sutil de seu anseio é como um discernimento radiante, que pode se mostrar vigoroso, exuberante e arrebatador, ou terno, delicado e suave. Enquanto o desejo fixado externamente gera avidez e tensão, o desejo sentido internamente nos sintoniza com o poder pulsante do centro vital do corpo.

Uma vez que você consiga direcionar a onda do desejo, ela segue seu próprio curso e cede. Com isso você pode descobrir o que é mais profundo do que essa energia pulsante. Assim como as profundezas claras e calmas do oceano estão bem abaixo das ondas violentas, o anseio puro do coração que deseja se conectar está subjacente a nossa paixão. Esse anseio tem sua própria inteligência, porque é um conhecimento inequívoco de que você só crescerá e prosperará se mantiver profundo contato consigo mesmo, com os outros e com a própria vida.

Mesmo Buda, em elevada disciplina, teve de reconhecer que "o desejo é perfeitamente puro". O desejo é perfeitamente puro da maneira que o fogo o é: trata-se simplesmente de uma energia flamejante, e não algo intrinsecamente prejudicial. Ele só assume uma forma destrutiva quando o tratamos de forma errada. Se conseguirmos descobrir a ânsia contida nesse calor radiante, ela pode produzir uma fusão que abre nossa capacidade de deixar o amor penetrar totalmente em nós.

O outro bom e o tu sagrado

Quando a paixão nos avassala e imaginamos que a outra pessoa é *aquela* que pode finalmente nos proporcionar total satisfação, estamos projetando naquele indivíduo a imagem do "outro bom". Se o outro ruim é aquele do qual nos ressentimos por não nos dar o que necessitamos, o outro bom é aquele que imaginamos que tornará tudo favorável, amando-nos exatamente da maneira certa. Enquanto a imagem do outro ruim é colorida pelo medo, moldada a partir da mágoa e do desapontamento passados, a imagem do outro bom é colorida pela esperança, moldada com base na ânsia pelo amor perfeito. As outras pessoas em geral recuam quando percebem que estamos projetando essa imagem ampliada sobre elas, pois sabem que possivelmente não vão conseguir satisfazer nossa necessidade.

As canções de amor populares estão cheias dessas projeções divinas: "Você é tudo e tudo é você", "Não consigo viver sem você", "Você é a minha alegria, minha única alegria".

Mas pense nisso por um momento. Como realmente seria viver com alguém que é tudo, sua única fonte de alegria, toda a base de sua existência? Você estaria na posição de Majnun, o amante citado em um famoso conto sufi; o moço literalmente enlouquece por causa de sua amada, Layla, gritando: "Eu a sigo obedientemente, minha amada, que é dona de minha alma.". Em termos modernos, isso seria um sinal de impotência, codependência, fusão emocional e vício. Dando à Layla sua alma, Majnun perdeu a conexão com seu próprio centro vital.

Porém, devo admitir que, embora eu entenda isso racionalmente, há também um local dentro de mim que ressoa e reage intensamente aos grandes sentimentos descritos nessas canções de amor. E sempre adorei a história de Layla e Majnun e outras semelhantes. Isso significa que sou um romântico incorrigível, viciado no sonho da amante ideal que vai me proporcionar satisfação perfeita e mitigar todas as minhas preocupações? Ou há alguma verdade mais profunda, encoberta, contida em sentimentos como "você é tudo e tudo é você"?

Recentemente, examinei todos os poemas de amor que escrevi para diferentes mulheres durante minha vida, colecionados ao longo de trinta e cinco anos. Embora essas mulheres sejam todas bem distintas em minha mente, cada uma possuindo belezas e angústias particulares, percebi que a paixão e o anseio em cada um desses poemas pareciam estar dirigidos a um único e especial *você*.

Um poema, usando a metáfora de uma paisagem árida em que riachos se avolumam com as primeiras chuvas da estação, termina com o verso "todos os meus rios correm para você". Mesmo agora, não é difícil para mim identificar-me com o sentimento presente nesse verso, essa doce entrega da atração gravitacional que *você* – esse *você* especial, cuja presença luminosa inspira assombro e fascínio – exerce sobre mim.

Mas o que exatamente é essa atração magnética? Se imagino que a outra pessoa possui algum poder ou mágica especial de que sinto falta e *preciso ter* a qualquer custo, então o vício domina, pois fico obcecado com o que esse "outro bom" pode me conceder. Mas se, diferentemente, eu observar o que está acontecendo dentro de mim, posso reconhecer a influência da amada como algo semelhante a um belo trecho musical, pois me atrai a um espaço novo e desconhecido onde experimento uma certa profundidade da alma. Ao me comover com uma passagem sublime de Beethoven, posso concluir que devo escutar Beethoven todos os dias. Porém, na verdade, isso não tem a ver com o músico alemão. Sim, Beethoven é magnífico, como é a mulher que eu amo, mas o poder e a mágica reais estão no que se agita dentro de mim.

Dessa forma, a paixão e o anseio são minhas reações ao *você* sagrado – que pode assumir a forma de uma amante, de uma montanha ao anoitecer ou da *Sonata ao luar* –, o *você* que me permite penetrar no mistério de meu próprio ser. Como expressei num poema que escrevi certa vez, depois de um grande desapontamento:

Quem é este *você* que eu quero?
Você é apenas um rótulo –
Para o ser maior que está em tudo ao redor,
E dentro também.

É isso que Rumi quer dizer quando declara: "Aquela que eu amo está em toda parte.". *O você que eu amo está em toda parte*: nos flocos de neve caindo, nos olhos que revelam a luz interior de minha amada, ou na bela onda de paixão que brota dentro do centro vital.

Assim, o sentimento nas canções populares românticas se desenvolve a partir da mesma raiz que aquele da grande poesia devocional nas tradições espirituais. Em termos religiosos tradicionais, é o anseio da alma por Deus. Afinal, é apenas para Deus, ou para a misteriosa fonte de tudo, que podemos verdadeiramente cantar: "você é tudo e tudo é você". É apenas para o amor absoluto que podemos legitimamente declarar: "você é minha alegria, minha única alegria" e "não consigo viver sem você". Nosso anseio pela fonte do amor é tão natural quanto a sede de água de um cervo. Ou, na bela frase do Livro dos

Salmos: "Como o cervo anseia pelas correntes das águas, assim suspira minha alma por Ti, ó Deus!".

Muitos dos grandes místicos e sábios descobriram que a sede de Deus é mais plenamente satisfeita bebendo-se da água da fonte do espírito que flui em nosso íntimo. Algumas tradições espirituais, como o Sufismo, enxergam o desejo como uma linha direta com o amor absoluto porque o desejo proporciona aquela imersão interna de que falamos. Quando o grande místico sufi Ibn al-'Arabī exclama: "Ó Senhor, nutre-me não com amor, mas com anseio pelo amor", ele está reconhecendo que esse anseio profundamente sentido é a nutrição em si, porque ele incita o coração, despertando-nos para o que está mais vivo dentro de nós.

Nesse mesmo entendimento, Rumi canta:

> Escute o cão quando ele chora chamando por seu dono:
> Esse choro *é* a conexão.

Rumi está nos dizendo que o anseio que brota do interior profundo não é apenas uma necessidade de satisfação externa, mas um vínculo direto com nosso "dono" – a grande riqueza oculta dentro de nós, que os tibetanos chamam de "joia que realiza desejos". Nas palavras do mestre indiano Nisargadatta, "desejo é devoção... ao real, ao infinito, ao coração eterno do ser". E, por isso, "não é o desejo que é errado, mas [apenas] sua estreiteza e pequenez". É interessante notar que o termo tibetano para devoção é composto de duas palavras combinadas: anseio e humildade. O anseio é como o arco de um compasso que nos direciona magneticamente para a fonte do amor, enquanto a humildade é a abertura que convida o amor a fluir para dentro dela.

Paixão infinita

Uma das coisas mais frustrantes nos relacionamentos é que sempre parecemos querer mais deles do que eles oferecem. Mesmo que consiga conquistar o objeto de seu desejo, você nunca está inteiramente satisfeito com ele, não é? Você gostaria que sua amada fosse mais bonita, mais *sexy*, mais sintonizada, mais atenta, mais receptiva, mais...

"Bem, talvez esta não seja a pessoa certa", você pode finalmente concluir. Entretanto, mesmo quando finalmente decidimos que alguém é a pessoa certa, esse alguém nunca parece inteiramente adequado em todos os aspectos.

Isso é curioso e engraçado, não é? Você se sente atraído por alguém, você o corteja e procura, conquista essa pessoa, vocês fazem amor e, talvez, acabem se casando. Mas, de algum modo, nada disso põe um fim em seu anseio. Sua paixão ainda quer algo mais. Então, vocês podem tentar ter filhos – pode ser que esse fato venha a satisfazer seu anseio. Ou você experimenta remodelar seu parceiro para que ele finalmente satisfaça essa aspiração. Mas essa atitude cria mais transtornos, em virtude dos quais você pode tentar terapia de casal ou frequentar *workshops* sobre sexo tântrico. Entretanto, não importa quanto as coisas melhorem, seu anseio por algo mais nunca desaparece inteiramente.

Contudo, isso não é um problema! Não é um sinal de que algo esteja errado com você, por querer mais, ou com a pessoa que você ama, por não conseguir satisfazer todos os seus desejos. Só podemos entrar em acordo com a perpetuidade de nossa paixão reconhecendo o verdadeiro objeto de nosso desejo.

O desejo concentrado em uma pessoa nunca pode ser totalmente satisfeito. Isso porque aquele que amamos incita nossa paixão por algo que está além dessa própria pessoa, que é finita. Kierkegaard chama isto de "paixão infinita" ou "paixão pelo infinito".

Outros animais, por estarem totalmente fundamentados no que é finito, ficam satisfeitos com o suprimento imediato das necessidades básicas. Mas, visto que a consciência humana tem raízes no infinito, podemos descobrir no encanto das coisas finitas uma beleza muito maior brilhando através delas. Nosso anseio por mais não surge apenas daquilo que é infinito dentro de nós, como também visa ao infinito – a receptividade e o amor sem limites. O que amo nunca é apenas uma mulher. É também a maneira pela qual sugere e revela uma beleza maior, que vai além dela, estimulando em mim uma abertura expansiva que me permite tocar a beleza que há bem aqui dentro de meu ser. Nenhuma teoria do amor humano pode ser completa sem esse entendimento.

Seu desejo é sagrado porque ele quer vinculá-lo à fonte infinita de tudo, a qual está dentro de você. Portanto, se você conseguir se abrir à energia do desejo propriamente dita, ela vai conduzi-lo além da paixão e da ligação tal como usualmente as concebemos. Por meio de seu anseio – a sensação de que você não consegue viver sem o verdadeiro amor – você se volta para a fonte vital do amor.

No fundo, você quer a si mesmo. Não uma versão encolhida e superficial de você mesmo, mas o que é mais real e vivo em você. Você quer sentir sua própria essência, o elixir do grande amor fluindo em suas veias.

É claro que frequentemente imaginamos que um novo amante, mais bonito, vai nos dar essa essência. Isso é compreensível, especialmente se nos sentimos atraídos e atraentes diante de alguém, ou mesmo apenas ao pensar nesse alguém. Isso é ótimo. Não há nenhum problema com a poesia do verso "você é minha alegria". É delicioso escrever poemas apaixonados para o ser amado, o Tu sagrado, e se sentir atraído pelo jogo da sensualidade.

Mas se não quisermos nos escravizar, exaurir, deprimir ou desencantar, não devemos levar tudo isso tão a sério. Precisamos trazer maior discernimento para nossa paixão. Isso significa entender que o amante perfeito de nossos sonhos – aquele que vai nos conduzir a um espaço de infinita beleza e encantamento – só pode ser encontrado, na verdade, quando nos rendemos à própria essência da vida, à expansão aberta do ser, oculta dentro deste momento e de todos os outros. Reconhecer isso nos ajuda a rompermos com o vício em uma pessoa ou relacionamento. A paixão consciente implica nos apoderarmos da energia do desejo, tomando-a como nossa própria essência vital, e aprendermos a flutuar nessa onda de discernimento radiante.

O líder indiano Sri Poonja disse certa vez com sabedoria: "O desejo de liberdade nasce da própria liberdade.". O desejo do qual ele está falando aqui é o anseio sagrado – o desejo profundo de se conectar com a essência daquilo que você é. Você não pode querer uma laranja, a menos que saiba qual é o gosto da laranja. E você só pode ansiar por liberdade quando sabe como ela é.

Da mesma maneira, nós só ansiamos pelo amor perfeito porque já tivemos uma amostra dele. E como não o encontramos no mundo externo, nosso conhecimento sobre ele perfeito só pode vir do fundo de nós mesmos. O anseio pelo amor perfeito surge do próprio amor perfeito, que habita o coração humano.

É como se tivéssemos todo um panteão de deuses e deusas trancado dentro de nós, oculto nas profundezas de nosso ser. Há o deus do amor, a deusa da beleza, o deus da verdade, a deusa da sabedoria. Ainda que escutemos atentamente, mal poderemos ouvi-los nos chamando. Eles querem se juntar a nós e nos oferecer tudo, mas nós os temos ignorado há tanto tempo que é difícil escutar ou reconhecer seus fracos apelos. Entretanto, seu chamado ainda pode ser ouvido na voz de nosso desejo.

Buscar o amor perfeito em relacionamentos imperfeitos nos deixa frustrados porque nos conduz na direção errada. Como o desejo do amor perfeito vem do próprio amor perfeito, precisamos apenas seguir o fio condutor de nosso anseio até sua origem. Na abertura para a energia da paixão e do desejo, nós nos tornamos receptivos a uma visita dos deuses.

Dispondo-se a receber

Para resumir isso em termos práticos, comece de maneira simples, diretamente de seu anseio por se sentir amado ou de seu desejo por algo mais de um relacionamento em sua vida. Talvez você queira que seu parceiro realmente o entenda. Talvez queira que alguém perceba sua beleza ou enxergue quem você é. Talvez queira se sentir mais conectado com alguém. Talvez você anseie por felicidade, tranquilidade e bem-estar. Talvez procure por melhor sexo. Comece daí.

Então, pouco a pouco transfira sua atenção *daquilo* que você quer para a necessidade ou o desejo propriamente ditos. Como seu desejo realmente se comporta quando se torna uma experiência viva em seu corpo? De início, mudar totalmente seu foco pode requerer um pequeno esforço e disciplina. O ponto fundamental é *sentir o próprio anseio ou desejo* enquanto ele vibra em seu corpo. Talvez você nunca tenha dado muita atenção a isso antes. Preste particular atenção no centro vital, em seu abdômen, logo abaixo do umbigo. Espere algum tempo para senti-lo.

À medida que você sente seu anseio por amor e conexão, observe o que o coloca em contato com ele. Não ocupe sua mente pensando sobre isso, simplesmente olhe e sinta o que está ali. Você pode sentir alguma comoção ou suavidade, uma expansividade ou plenitude, ou um comichão se espalhando pelo corpo. Em um dos meus *workshops*, uma pessoa descreveu essa sensação da seguinte forma: "meu coração se abre irrompendo cada vez mais".

Às vezes uma doce melancolia também acompanha o anseio. Trata-se de uma tristeza da alma que aumenta quando reconhecemos há quanto tempo nos sentimos separados e desconectados. É uma tristeza balsâmica que amolece o escudo defensivo ao redor do coração, uma tristeza purificadora que limpa o terreno para que nova vida floresça. É uma experiência de ressentimento misturado com sofrimento, à qual Rumi chama "taça secreta", porque nos torna um recipiente pronto para ser preenchido:

> O sofrimento pelo qual você chora
> O atrai à união.
> Sua pura tristeza
> Que deseja ajuda
> É a taça secreta.

Seja ou não acompanhada por essa tristeza da alma, a atitude de abrir-se honestamente para seu anseio torna você uma pessoa mais dócil e receptiva. À medida que essa atitude o leva para dentro de seu próprio corpo, para seu centro vital e seu coração, você pode perceber que o amor não está tão distante. Talvez até já tenha entrado aí secretamente.

O amor quer você

Abrir-se para seu anseio revela a mais sutil de todas as formas de desejo: a oração. Assim como o anseio é uma forma mais tênue de desejo do que a paixão, a oração é ainda mais discreta. É uma conexão pura com o que há de mais real – a complacência e a ternura das quais fluem todas as bênçãos.

O simples desejo de estar integrado com o amor é a eterna prece que habita o coração. Essa prece também está oculta dentro do desejo pelo amor de outra pessoa. Quando queremos ser amados, ansiamos pela experiência do *amor vindo até nós*. A verdade é que a benevolência neste Universo está sempre vindo até nós e brilhando sobre nós, como a luz do sol. Inúmeras pessoas têm descoberto isso ao reconhecerem a graça e as bênçãos que existem nas circunstâncias mais difíceis, e até mesmo nas mais terríveis. O segredo está em *permitirmos* que o amor venha até nós. É isso que Rumi quer dizer quando recomenda: "Para encontrar o amado, você precisa se tornar o amado.". Nós nos tornamos o amado quando nos abrimos para deixar o amor entrar.

Em resumo, foi isso que aconteceu com Julie quando ela deixou Rick ver o quanto ela o queria. O sofrimento que ela expressou a atraiu para a união. Sem sequer saber o que estava fazendo, ela deixou seu anseio vir à tona e ser visto, o que convidou o amor a entrar. Naquela situação, nem Julie nem Rick tinham muita escolha.

Julie não decidiu se revelar. Suas defesas usuais foram desaparecendo, como uma capa deslizando de seus ombros, permitindo a Rick vê-la nua diante dele. Rick também não decidiu reagir como reagiu. Ele não pôde evitar. Seu coração estava simplesmente reagindo à pessoa que ele amava quando ela deixou de desviar o rosto contra ele. As nuvens se dissiparam e um raio de puro amor brilhou através dele espontaneamente, pelo menos naquele momento.

O desejo sagrado é a taça secreta que convida o amor a entrar em nós. Nesse sentido, podemos dizer que a recepção genuína pode ser um ato ainda mais sagrado do que a doação, porque requer humildade e condescendência, de modo que abandonemos o controle e nos tornemos totalmente disponíveis ao amor como o grande poder que nos enche de vida.

Quando você se torna a taça secreta, isso não significa apenas que você quer mais amor. Inversamente, você descobre que o amor quer você; ele só espera que você o deixe entrar. Então, quando você revela seu desejo sagrado – como sugere Rumi –, "seres milagrosos vêm correndo ajudar".

O AMOR QUE O LIBERTA

O amor está sempre amando você.
H. W. L. POONJA

Nosso direito nato como seres humanos é ter acesso direto ao amor perfeito, e nosso privilégio é servir de canal através do qual ele possa fluir. Entendendo isso, podemos perceber a tolice de tentar ganhar o amor mediante esforços, aparências ou realizações. Podemos conseguir aprovação, elogios ou recompensas por esses meios, mas não alcançamos o amor que nos abraça como nós somos, o amor que nos liberta, o amor que acende este mundo. Em vez de tentarmos ganhar o amor, precisamos deixá-lo penetrar totalmente em nós.

Como podemos deixar que isso aconteça de modo que tenhamos plena certeza, no corpo e na alma, de que somos amados incondicionalmente?

Amor absoluto, aqui e agora

Eu gostaria de lhe apresentar uma maneira simples, porém poderosa, de como você pode se conectar diretamente com a presença viva do amor absoluto que está sempre disponível. Não tenho certeza se chamo isso de prática, invocação ou oração. Não importa como você prefere pensar no assunto, a essência está em se conectar experimentalmente com a presença pura do amor, ativando o anseio que já existe em seu coração, como foi discutido no capítulo anterior. Por favor, não tente dirigir esse processo com sua mente ou se concentrar muito nas palavras que se seguem. É melhor fazer isso num momento em que você possa ficar tranquilo e deixar sua mente relaxar.

Essa prática vai ajudá-lo a abrir os canais de recepção em seu corpo e a começar a experimentar o amor absoluto que está sempre presente. As sugestões que virão são simplesmente diretrizes que considerei úteis, tanto para mim mesmo quanto no trabalho com outras pessoas. Você pode tentar segui-las à risca de início e, depois, adaptá-las a seu próprio estilo.

1. ACOMODE-SE EM SEU CORPO

Reserve alguns minutos para permanecer sentado, em silêncio e tranquilo. Você pode preferir se deitar. Comece saindo de sua mente e ocupando todo seu corpo. Você pode fazer algumas respirações profundas e sentir as sensações de vitalidade em diferentes partes do corpo. Sinta seu centro vital no abdômen, três dedos abaixo do umbigo. É aí que você pode sentir plenamente sua conexão com o Universo. Respire enchendo o abdômen e se estabeleça aí. Sinta o centro de seu coração, no meio de seu peito. É aí que você vai conseguir sentir toda a conexão com sua própria humanidade, com ternura, afetividade e compaixão. Depois sinta o centro da coroa, o ponto mais alto e posterior de sua cabeça. Trata-se do centro do céu, local em que você se orienta para o infinito. Sinta como esses três centros se alinham em uma coluna vertical de disposição corporal.

2. RECONHEÇA SEU DISTANCIAMENTO EM RELAÇÃO AO AMOR

Volte sua atenção para alguma situação que o faça sentir-se desligado ou separado do amor neste exato momento de sua vida e se deixe reconhecer isso. Você pode pensar em uma pessoa específica que não gosta tanto de você quanto gostaria, ou em uma ocasião em que você geralmente sente a ausência do amor. Depois, reserve um momento para ver como a falta de amor repercute em seu corpo. Talvez pareça haver um vazio, um buraco, uma ausência de vida, uma solidão ou um medo. É importante permitir-se sentir isso de modo sincero, pois, ao experimentar a ausência do amor, você ativa seu anseio por ele. Fique tanto quanto possível atento à experiência sentida pelo corpo, sem deixar que sua mente fabrique toda uma história sobre ela.

3. SINTA A ENERGIA DE SEU ANSEIO

Quando você sentir essa separação em relação ao amor, pode surgir um impulso para fazer algo que repare isso. Afinal, todos nós desenvolvemos estratégias para conseguir amor, admiração ou aprovação, a fim de atenuar essa sensação de separação. Podemos não somente tentar nos testar como também agradar, encantar ou impressionar os outros. Podemos nos queixar, implorar ou mesmo fazer cara feia, esperando que os outros venham a nós. Se algum desses impulsos surgir agora, apenas observe-o e tão somente volte a sentir a separação em relação ao amor, sem tentar fazer nada a respeito dela.

Enquanto estiver prestando atenção à sensação da separação, veja se consegue perceber algum desejo de se sentir mais conectado com o amor. Permita-se reconhecer o quanto você deseja experimentar o amor puro, o quanto você quer ser visto, compreendido, apreciado e aceito – em suma, estar contido no amor, ser amado por ser como você é.

Agora, deixe-se abrir à energia pura desse desejo ou anseio, sem se concentrar em tentar obter nada de ninguém em particular. Sinta a energia contida no anseio e deixe sua atenção repousar nessa sensação corporal. Sinta o desejo natural do coração de permanecer em amor abundante. Esse anseio é sagrado porque é uma entrada para a verdade, a verdade segundo a qual seu coração é um canal aberto por onde o amor naturalmente quer fluir.

4. ABRA OS CENTROS DO CORAÇÃO E DA COROA

Veja se consegue sentir o anseio no centro de seu coração, no meio de seu peito. Deixe que toda a área seja preenchida pela energia de seu desejo. Permita-se entrar cada vez mais profundamente nessa sensação. À medida que a energia do desejo se agita, observe qualquer indício que pareça mostrar seu coração se abrindo ou se tornando cheio de vida. Também deixe que o centro de sua coroa, no topo posterior de sua cabeça, fique relaxado e receptivo. Sinta essa abertura receptiva tanto no centro do coração quanto no centro da coroa.

(Se você tiver dificuldade para sentir o centro de seu coração, respire suavemente. Enquanto respira ou entra em sintonia com seu coração, você pode começar a percebê-lo como um espaço aberto, energizado. Se necessitar de mais ajuda para senti-lo, você pode colocar suas mãos sobre o centro de seu peito enquanto pensa em algo ou alguém que aprecie profundamente. Se tiver dificuldade para perceber o centro da coroa, sinta o espaço diretamente acima dele e a conexão entre esse espaço e o topo da cabeça.)

5. PERMITA-SE RECEBER

Observe como há, contido em seu anseio, um desejo de receber amor. Sinta e diga *sim* a essa recepção. Essencialmente, o que esse *sim* está dizendo é: "Eu quero deixar você entrar em mim.".

Quando você experimentar essa abertura para receber, verifique: há alguma presença de amor disponível precisamente neste instante? Não pense nisso com muita intensidade nem procure com muita avidez. Ao contrário, sinta isto muito suavemente, muito sutilmente: a presença do amor está disponível exatamente agora, em algum lugar por perto? Não imagine nem crie nada com sua mente. Não invente o que procura. Apenas experimente o que está ali.

Se houver alguma sensação de afetividade ou amor à disposição, permita-lhe entrar em você. Não tente fazer nada acontecer. Deixe seu corpo ser totalmente receptivo; deixe seus poros absorverem a afetividade que está ali. Sinta as células de seu corpo se banhando na presença do amor.

Observe como a presença do amor não é algo localizado em apenas um ponto. É mais como uma brisa amena acolhendo, envolvendo ou permeando você. Permita-se ser abrigado no espaço do grande amor e veja como se sente. Não importa a intensidade da sensação de abertura, afetividade ou ternura que está aí, verifique como você se sente ao deixá-la preencher seu corpo ou mover-se nele.

(Se você não sente nenhuma presença do amor, então é bem provável que não tenha sentido suficientemente quão separado você está dele ou de seu desejo. Nesse caso, você pode tentar dizer gentilmente uma ou mais frases a si mesmo enquanto experimenta como elas são verdadeiras para você, tais como: "Quero me sentir amado", "Quero me sentir acolhido no amor". Não diga essas palavras como uma forma de autossugestão ou afirmação, mas como uma maneira de fazer que seu desejo profundo e sua oração sejam mais conscientemente sentidos. Veja como o afeta a verbalização de seu desejo enquanto *sente* a verdade disso.)

Dê a si mesmo tempo suficiente para acompanhar o que quer que esteja experimentando. A presença do amor absoluto pode ser muito sutil; em geral, ela não se anuncia de maneira majestosa. Podemos ter a sensação de estarmos sendo infundidos de afetividade, cercados por um plasma suave ou acolhidos em um abraço carinhoso. Pode parecer que flutuamos em uma piscina de água quente ou que estamos totalmente relaxados e serenos.

Você pode descobrir que sua mente resiste ou que os pensamentos o distraem; pode, ainda, não confiar no que está acontecendo. Pode achar que está criando essa coisa toda. Apenas observe esses jogos mentais sem lutar com eles. Lembre-se de que o ego criou um hábito de resistir ao amor porque teme ser extinto. O ego não acredita que o ato de baixar suas defesas garante que o amor permanecerá ali de uma maneira confiável. Então, se você encontrar alguma resistência nesse processo, controle-a de forma bondosa e gentil.

6. PERMITA-SE FUNDIR E DEIXE O AMOR TOMAR CONTA DE VOCÊ

Sentindo a presença do amor, permita-se relaxar e fundir-se a ele. Em vez de sustentar-se, permita-se ser sustentado pelo amor. Suavize os limites do corpo e sinta como é se deixar mesclar a essa afetividade. Observe o efeito que isso tem sobre seu corpo e permaneça disponível, com esse sentimento sutil.

Você consegue sentir o amor como uma presença suave que toma conta de você e o envolve, permitindo-lhe relaxar e se deixar levar? Você não tem de se sustentar. Deixe o amor ser sua base.

Eu lhe sugeriria tentar, no início, realizar regularmente essa prática, talvez assim que acordar, enquanto ainda estiver na cama, ou como a última coisa a fazer à noite. Depois que você tiver descoberto seu próprio modo de lidar com ela, então pode também realizá-la muito rapidamente, em um ou dois minutos, e descobrir nisso provisão e renovação.

Quando descobri essa prática, por meio de minha própria necessidade pessoal, fui surpreendido pelo fato de que eu conseguia sentir concretamente a presença do amor penetrando e infundindo meu corpo. Tal experiência foi muito sutil, nem um pouco dramática. Acima de tudo, requeria a capacidade de me abrir e permitir a entrada do sustento que estava bem ali, naquele exato momento. Essa presença provedora não é algo a que eu possa me apegar; posso apenas permanecer aberto e deixá-la penetrar em mim.

À medida que continuei trabalhando com essa prática, senti profundas mudanças acontecendo. Experimentei um novo tipo de confiança e relaxamento ao saber que poderia ter meu próprio acesso direto ao amor perfeito, sempre que necessitasse dele. Meu investimento no rancor diminuiu, assim como a tendência de esperar que os outros me proporcionassem o amor ideal.

Entretanto, embora de início parecesse que eu nunca voltaria a necessitar do amor das pessoas da mesma maneira, finalmente me vi retornando às antigas expectativas relacionais. Não obstante, a prática do amor absoluto me deixou com um conhecimento novo e concreto de que algo mais era possível, e isso serviu como uma estrela-guia, fazendo-me perceber que eu ainda precisava me esforçar para conseguir maior libertação.

Digo isso para que você não fique desencorajado, caso tenha uma recaída depois de obter novas compreensões com essa prática. Como a maior parte dos progressos ocorre na forma de "dois passos para frente, um passo para trás", recair não significa que sua experiência do amor absoluto foi apenas uma ilusão.

Vivendo em amor

Abrindo-se dessa maneira para o amor absoluto, muitas pessoas em meus *workshops* também descobriram que o amor pelo qual mais anseiam está prontamente disponível. Em um de meus grupos, um homem relatou: "Fiquei impressionado ao descobrir que sentir de modo suficientemente intenso meu anseio por amor é o mesmo que sentir o próprio amor. Assim que sinto esse anseio, o amor já está bem ali. Experimento uma sensação de entusiasmo e dinamismo, preenchendo-me e transbordando.". O que ele descobriu está em consonância com as palavras da Bíblia: "Peça e lhe será dado, busque e encontrarás, bata e a porta se abrirá.". Pedir, neste caso, significa experimentar conscientemente o verdadeiro desejo do coração, desejo esse que abre um canal livre, convidando o amor absoluto a entrar.

As pessoas experimentam a presença do amor absoluto de diferentes maneiras. Uma mulher o sentiu como "uma amplitude, não necessariamente entusiástica, apenas espaçosa". Ela estava sentindo a dimensão expansiva do amor absoluto, que não tem necessariamente o entusiasmo e a qualidade difusa do contato humano. Outra mulher o experimentou como "uma agradável fragrância sendo derramada" sobre ela. Outra sentiu "luz intensa e abundante, satisfação e felicidade". E outra falou que no início esperava obter uma espécie de êxtase, mas depois descobriu que a presença do amor era "muito simples; não tinha tanta emoção, era mais clara e natural; e havia um senso de equilíbrio, como se estivesse sendo sustentada pela água".

Um homem disse: "O amor que existe quando me disponho dessa forma não vem ou vai a lugar nenhum. Ele é não direcional – apenas uma presença simples, disponível." Outro homem falou de uma "plenitude" que o fez sentir-se "mais vivo". Outro o descreveu como "uma experiência poderosa de ser reconhecido", que ele sentiu como a "solução para a mágoa de não se sentir visto". Eis outras palavras que as pessoas usaram para retratar o influxo de amor: "suave", "sereno", "radiante", "inclusivo", "energizante", "animador", "enraizado", "confortável".

Uma mulher falou sobre o que havia de inusitado em sua descoberta: "Que piada! O amor que eu tanto ansiava estava bem aqui o tempo todo. Não posso acreditar que passei por tanto sofrimento imaginando que esse amor não existisse e que eu tinha de extraí-lo de alguém! Mas agora vejo que tudo o que tenho de fazer é sintonizar o meu receptor e ali está ele. Parece que o amor está sempre pronto para responder: 'Estive todo este tempo esperando que você voltasse seu rosto na minha direção e me deixasse ouvir seu chamado.'".

Assim como o peixe não enxerga a água a sua volta, nós também não conseguimos reconhecer o oceano de amor que nos cerca e nos sustenta. Embora o amor esteja dentro de nós e a toda nossa volta, ele é tão claro e transparente que, como a água, com frequência parece invisível. E então passamos a vida tentando obtê-lo, sem perceber que o grande amor está bem aqui, livremente disponível. Estivemos tentando nos sustentar, sem nos darmos conta de que o amor é o suporte sempre presente que mantém toda a nossa existência. Estivemos tentando provar que somos dignos de amor, mas não conseguíamos perceber que nossa própria natureza já é adorável e cativante.

O amor que o liberta

Enquanto você continuar a se apegar à fixação infantil de não ser amado, não importa quanto os outros o amem, nunca será suficiente. A mágoa vai agir como um buraco em você. Não importa quanto amor alguém despeje nele, sempre vai vazar pelo fundo. E você continuará se concentrando no amor que não está ali, em vez de contemplar o amor que está ali. Por isso a prática de entrar em sintonia com o amor absoluto é tão importante. É uma forma de escapar da infinita e infrutífera tentativa de fechar por fora o buraco por onde escoa o amor.

Assim que você reconhece plenamente sua sede, as águas do amor encontram uma abertura e começam a fluir em direção a você. De início, parece que o amor está chegando de algum lugar lá fora. Mas assim que você deixa a presença sutil do amor entrar em você, não pode mais dizer "eu estou aqui e o amor está ali", como duas coisas separadas. Não há separação.

Então, saber que você é amado é saber que você *é* amor. Quando você baixa suas defesas e permite que o amor flua em seu interior, você e o amor se tornam uma coisa só, como uma lâmina de gelo derretendo no rio do qual ela veio. Assim como o gelo nunca foi separado do rio, o congelamento do coração só criou uma separação temporária de sua natureza amorosa.

Fundir-se no amor é o que a alma sempre quis. O alívio que isso traz vai muito mais fundo do que simplesmente a superação da dor da infância. Ele cura a ferida espiritual universal da separação do amor.

Quer saibamos quer não, é isso que em geral buscamos quando fantasiamos o parceiro perfeito – alguém em cujos braços poderíamos nos entregar completamente e relaxar. Afinal, o que é o orgasmo senão isso? Nós simplesmente não conseguimos evitar a busca do amor perfeito, pois é ela que vai ajudar a nos unir à expansão cativante da condescendência, que é nossa própria natureza. "Para encontrar o amado, você precisa se tornar o amado" significa que devemos nos unir ao amor que está sempre nos amando.

As tradições teístas descrevem isso como se tornar "o amado de Deus" ou "um filho de Deus". Nas palavras de um hino inglês:

> Desça, amor divino,
> Busque esta minha alma.

As tradições não teístas, como o budismo, declaram isso de maneira diferente: "Sua mente se une à compaixão e à sabedoria de todos os budas". Entretanto, seja qual for a língua ou a crença, os grandes santos e sábios de todos os tempos exalam amor ilimitado e compaixão, pois seu coração e o amor absoluto em que flutuam são uma coisa só. Tornando-se aqueles que são amados, sua essência não está mais separada do amor.

O ego defensivo é como tábuas que colocamos sob nossos pés para nos apoiar quando não confiamos que o amor esteja nos sustentando. Entretanto, embora esse piso construído por nós mesmos possa proporcionar uma sensação de segurança, ele também nos separa da região mais disponível de nosso ser. Para deixarmos o amor entrar, precisamos começar a abrir espaços entre as tábuas de modo que a receptividade do amor possa emergir e nos envolver.

As dores e as delícias do relacionamento

Se você recebesse um telefonema comunicando-lhe que você acabou de ganhar um milhão de dólares na loteria, e então você saísse e descobrisse que alguém acabara de furtar seu carro, esse furto provavelmente não lhe importaria muito. Do mesmo modo, com a descoberta de que você tem acesso direto ao grande amor, as frustrações e os desapontamentos do amor humano começam a ser postos em segundo plano. Você se torna menos dependente da aprovação da família, dos amigos ou dos amantes que, no fim das contas, nada mais são que um substituto deficiente para a coisa real. Assim, você pode começar a manter-se de pé sozinho e ousar ser você mesmo em um relacionamento. E, como está menos tentado a se promover para obter amor, há menos ressentimento.

Depois de descobrir seu próprio acesso à fonte do amor, os participantes dos meus grupos às vezes perguntam: "Se conseguirmos nos abrir diretamente para o amor absoluto, parece que não vamos mais precisar tanto das outras pessoas. Isso não poderia nos levar a desvalorizar os relacionamentos íntimos ou a nos afastar totalmente deles?". Essa não é uma pergunta despropositada, pois muitas pessoas fizeram a escolha de viver sozinhas. E outras decidiram que os relacionamentos e suas dificuldades são uma distração que as desviam do caminho espiritual ou um impedimento ao bem-estar espiritual.

Toda essa questão de necessitar de outras pessoas é confusa e enganosa. Embora o acesso à fonte do amor possa reduzir a carência emocional, ele não é exatamente um substituto para a receptividade e a conexão humanas. Embora este livro tenha se concentrado em como nos curarmos – trazendo-nos de volta à vida naquelas áreas em que fomos feridos e nos fechamos –, os relacionamentos saudáveis também podem desempenhar um papel importante nessa cura. Um relacionamento útil como a psicoterapia, um vínculo devocional com um mestre espiritual ou uma profunda conexão da alma com um amigo ou amante pode proporcionar uma importante experiência corretiva que abre nossa capacidade para deixar o amor fluir através de nós.

Mas mesmo quando um relacionamento funciona dessa forma positiva, é importante lembrar que o sustento, o desenvolvimento e a expansão reais só ocorrem por intermédio do que acontece dentro de nós, da maneira como aprendemos a abrandar e abrir nosso coração relutante. Buscar outra pessoa para encher nosso vazio ou satisfazer nossa paixão só nos afasta do manancial da beleza e do poder interiores.

O ato de acessar diretamente o amor absoluto não implica o desengajamento dos relacionamentos. Em vez disso, permite-nos vivê--los mais plenamente, com maior intensidade e convicção. Quanto menos dependo da pessoa que amo para encher os vazios que há em mim, mais livremente consigo vê-la como ela é, mostrar-me como sou e enfrentar os riscos da verdadeira intimidade. Quando minha parceira e eu nos livramos da carga frustrante de tentar extrair um do outro o amor perfeito e a aceitação, conseguimos enxergar nosso relacionamento sob um novo foco: como um campo de trabalho e divertimento que propicia uma oportunidade para crescermos e nos transformarmos por meio da influência um do outro.

O DESAFIO DO RELACIONAMENTO

Como temos visto neste livro, o simples fato de sermos criados a partir do amor absoluto não significa que possamos incorporá-lo totalmente em nossos relacionamentos. Nada estende nossa capacidade de abrigar o grande amor como o fato de aprendermos a aceitar os outros com todas as suas diferenças e limitações, especialmente quando essas desencadeiam nossas áreas de tensão emocional. Nada como um relacionamento para nos mostrar onde estamos paralisados e fechados, onde temos dificuldade para estabelecer contato, onde somos mais temerosos e onde nos recusamos a aceitar as coisas do jeito que são. Nada traz nossa principal ferida à tona tão rapidamente, expondo todos os aspectos em que ainda nos sentimos não amados ou indignos de ser amados. Os relacionamentos humanos proporcionam a última prova decisiva do quanto estamos realmente curados, inteiros ou espiritualmente maduros.

Em geral nos fechamos nos relacionamentos porque as feridas emocionais da outra pessoa ativam nossas próprias mágoas, as quais não conseguimos tolerar. A raiva que minha parceira sente, por exemplo, pode desencadear meu medo profundo de rejeição. Se não consigo lidar com esse medo, eu me fecho quando ela está zangada. E então, para permanecer aberto e presente nos momentos difíceis com a pessoa que amo, preciso ser capaz de conter meus pontos fracos emocionais dentro dos limites da consciência e da compreensão bondosa. Se eu conseguir lidar com meu medo, conseguirei lidar com a raiva sentida por minha parceira.

Curar a ferida do amor não significa bani-la para sempre; em vez disso, significa ganhar alguma autonomia de sua influência sobre nós. Desenvolvemos essa autonomia mediante um processo de entendimento e desdobramento como aquele descrito neste livro — permitindo-nos fazer uma pausa e analisar o que acontece quando nossa ferida é desencadeada por algo, em vez de apenas descarregar alguma reação emocional automática. Toda vez que me fecho para alguém, essa é uma oportunidade de eu enfrentar minha ferida e ver onde também estou fechado em mim mesmo. Essa disposição para enfrentar meu próprio bloqueio é a chave que me permite permanecer aberto, tanto para mim mesmo quanto para aquele que está desencadeando meu sofrimento. Aprendendo a aceitar o que é difícil admitir em mim mesmo, ganho força para enfrentar o que parece mais impossível em minha parceira e oferecer-lhe genuína bondade e carinho quando ela mais necessita deles.

O amor que o Liberta

Se minha parceira e eu conseguimos aprender a conversar sobre as mágoas que dão origem a nossas reações emocionais, isso também nos ajuda a ficar mais despertos quando as feridas forem desencadeadas por algo. Até recentemente, os casais nunca tinham tido acesso à linguagem ou aos conceitos psicológicos que lhes permitiriam conversar sobre os complexos sentimentos que um parceiro desperta no outro. E isso limitava o compartilhamento de si próprios, um com o outro. A consciência do sofrimento do outro com relação a amar e ser amado ajuda um relacionamento a se aprofundar e a se tornar mais resiliente e íntimo.

Se me reconcilio com o sofrimento que minha parceira desencadeia em mim, assim como com o sofrimento dela, que eu, por minha vez, desencadeio, consigo aceitar muito melhor a mim mesmo e a ela. Por isso, o trabalho consciente com o sofrimento do coração não é uma autoindulgência narcisista. A reconciliação com o sofrimento nos ajuda a lidar com a complexa dinâmica emocional do relacionamento humano e, pouco a pouco, traz a este mundo um amor mais abrangente.

Com esse tipo de perspectiva podemos começar a ver e a apreciar a perfeição oculta ou o significado sagrado contido em toda imperfeição e todo tumulto do relacionamento humano. Aprender a lidar com os turbulentos altos e baixos do amor relativo nos torna mais tolerantes, mais compreensivos, mais humildes e mais sábios. Desse modo, todas as tempestades e dificuldades do relacionamento servem a uma função útil: tornar-nos mais flexíveis e moldar-nos para que sejamos um canal mais livre e mais aberto através do qual o amor incondicional possa fluir.

A presença amorosa autêntica – o encontro do eu e do tu – requer que eu seja capaz de honrar, ao mesmo tempo, toda a minha própria experiência e a do outro, sem negar nenhuma vivência minha ou dele, sem desconsiderar as diferenças entre as duas experiências e respeitando essas diferenças. Simultaneamente, ainda, requer que eu sinta o tormento de nunca ser capaz de superar completamente minha solidão nem de compartilhar totalmente meu mundo com o outro. Além disso, a verdadeira presença amorosa permite que o anseio pelo contato humano – o desejo de atingi-lo, de deixá-lo entrar, de tocá-lo e de provar a alegria de me permitir ser atraído por ele, o outro sagrado, o desconhecido luminoso – continue surgindo, repetidas e infinitas vezes, e se propague através de mim.

AS RECOMPENSAS DO RELACIONAMENTO

Por mais maravilhoso que seja receber o amor diretamente da fonte absoluta, isso de maneira alguma diminui o encanto especial e a relevância de compartilhar a expressão humana do amor quando ela centelha por meio de um sorriso, de um olhar ou do contato vibrante de corações, mentes e mãos. Na verdade, o amor íntimo, pessoal, não é apenas um reflexo pálido do amor absoluto, mas uma expressão maior dele. Afinal, a fonte absoluta não tem olhos expressivos que possamos contemplar, saciando-nos de afeto e ternura. E somente dois corpos humanos podem compartilhar todas as nuances do toque e do sentimento desnudados. Somente no jogo sexual os dois polos da existência – espírito e corpo, masculino e feminino, céu e terra, a bela e a fera – se juntam em uma união absoluta. Somente duas pessoas podem proferir as palavras sagradas "Eu enxergo sua beleza" ou "Eu o amo pelo que você é". O amor pessoal, repleto de sentimentos – a capacidade de apreciar e reagir à beleza única do outro que, em contrapartida, reage a nossa beleza única – é uma alegria que poucos prazeres terrenos podem proporcionar.

Muitos líderes espirituais, como Krishnamurti, querem dar o nome de *amor* apenas ao amor puro, altruísta, como se o amor relativo, com todas as suas paixões flutuantes, fosse indigno desse nome. A abertura incondicional, generosa, é certamente a essência do amor e constitui a mais elevada possibilidade de ele fluir. Assim como a frequência mais sutil e refinada do amor – a expressão pura do espírito –, essa abertura é como a extremidade ultravioleta do espectro da luz – a pura luz branca.

Mas o amor é também uma luz de amplo espectro, com muitas nuances e tons, variando desde o ultravioleta – a abertura do espírito puro – até o infravermelho – o calor do contato corporal e emocional. Como os seres humanos não são apenas espírito puro, o calor infravermelho da intimidade pessoal e sexual pode ajudar a sintonizar e estimular o corpo e a alma como instrumentos de ressonância mais profunda. Por intermédio do amor humano incorporado, o divino assume seu lugar neste planeta.

Gostando dos outros

Tendo explorado o relacionamento íntimo como uma jornada transformativa em meus livros *Journey of the Heart* e *Love and Awakening*, neste novo livro eu quis me concentrar, alternativamente, em nossa conexão mais profunda com o próprio amor e na desconexão em relação a ele, a qual tem deixado nosso mundo tão arruinado e fragmentado. Esse enfoque me levou a enfatizar a importância fundamental da capacidade de receber amor para a cura da ferida do coração.

Entretanto, receber e dar são, na verdade, ambos igualmente essenciais, pois são o inspirar e o expirar que constituem a respiração do amor. Saber que somos *amados*, como vimos, pode nos ajudar a descobrir que *somos* amor. E isso nos liberta – para *amar*, para *gostar* dos outros como eles são, a despeito de nossas expectativas. Quanto mais "nos tornamos o amado" – deixando o sol do amor absoluto brilhar sobre nós – mais amadurecida fica nossa capacidade de incorporar o amor incondicional no mundo que nos cerca.

Todo esse ciclo – alcançar o amor puro, absoluto, e manifestar a afeição e a bondade humanas – corresponde a dois grandes mandamentos dos quais Cristo disse que "dependem toda a Lei e os Profetas". O primeiro é amar a Deus com todo o coração, toda a alma, toda a mente e toda a força. Quando criança, tive dificuldade para entender o que isso significava na primeira vez que o ouvi na escola dominical. Como eu – esta criatura pequena e desolada, que mal reconhecia a presença do amor dentro de si – podia enviar amor a Deus, o Pai Todo-Poderoso, que nem sequer necessitava do meu amor porque Ele já é e já tem tudo? Embora me tenham dito que eu *devia* amá-lo, eu não tinha ideia do que isso significava ou de como fazê-lo. Certamente, ninguém na escola dominical jamais sugeriu que alguém pode ter dificuldade com o primeiro mandamento se não souber que ele mesmo é realmente amado.

Com a prática da abertura ao amor absoluto, consegui entender o primeiro mandamento de Cristo de maneira mais concreta, mais imediata. Se a presença do amor absoluto é "não direcional", como um de meus alunos descreveu, isso significa que ela não é algo que um ser daqui dedica ao Deus de lá, ou que o Deus de lá oferece a um ser daqui. Amar a Deus com todo o coração deve significar imergir-se em todo o fluxo penetrante do amor absoluto que *é* Deus. Quando estou imerso nesse fluxo de bênçãos, consigo ver que o amor não é algo que dou ou recebo. É a substância essencial daquilo que sou, todo o meu coração, toda a minha mente e toda a minha força. Amar a Deus com todo o meu coração e com toda a minha mente deve significar amar minha natureza, enxergando-a como o próprio amor, abrindo-se em pura condescendência, como água derramada em água.

O outro mandamento de Cristo, "ame o próximo como a ti mesmo", surge diretamente da descoberta desse amor que vive dentro de você. Quando você se reconhece *como* receptividade e afeto, isso o sensibiliza para o sofrimento das pessoas que se sentem fechadas e desprovidas dessas qualidades. É possível ver, por trás do medo e das defesas que carregam, que elas também estão desesperadas não só para conhecer algo belo e real dentro de si mesmas, mas também para se conectar a essa beleza verdadeira. E, então, amar o próximo – mediante o compartilhamento da riqueza que é esse dom de afeto e receptividade – torna-se mais viável.

Buda entendia a relação entre o amor absoluto e a bondade humana de forma similar. O termo budista para amor perfeito é *coração desperto* – a disposição naturalmente receptiva de nossa natureza autêntica (*bodhichitta* absoluto, em sânscrito). Viver nessa disposição receptiva corresponde a amar a Deus com todo o coração e com toda a mente na tradição cristã. Essa conexão com o amor absoluto pode consistir em um movimento "vertical" em direção a ele, porque é algo que parece jorrar de cima, como um fluxo de bênçãos – vindas de Deus, do guru sábio ou da vastidão sobre a coroa da cabeça. Esse influxo adentra e energiza o centro do coração, que pode então se irradiar "horizontalmente" como bondade e afeição para com todos os seres sensíveis. Essa radiação infravermelha é o coração desperto relativo (*bodhichitta* relativo).

A conexão vertical com a amplidão celestial acima de nós endireita nosso corpo, metaforicamente falando, permitindo uma postura ereta e equilibrada com relação aos outros. Um de meus alunos descreveu da seguinte forma sua compreensão após a prática do amor absoluto: "Eu senti meu corpo se endireitar. E vi que tentar alcançar o amor é como se inclinar sobre um ângulo. Quando me inclino assim, perco a conexão vertical com minha própria base e me torno ainda mais desesperado para conseguir o amor fora dali.". Ao nos erigirmos assim, podemos praticar a genuína bondade, isenta de qualquer estratagema para tornar as outras pessoas iguais a nós.

Buda sabia que, geralmente, amar o próximo não é tão fácil, mesmo após a abertura para o amor absoluto, porque os hábitos de medo e sofrimento entalharam sulcos muito profundos em nossa psique, os quais vão continuar a nos atrair àqueles sentimentos, a menos que conscientemente pratiquemos o exercício de nos relacionarmos com os outros de novas maneiras. Nesse sentido, a tradição budista contém muitos métodos práticos para gerar bondade amorosa e compaixão para com os outros.

Uma forma simples de ativar o apreço pelos outros é lembrar-se de seu próprio desejo de se saber belo e atraente, e depois reconhecer que todos, sem exceção, têm esse mesmo desejo, quer eles saibam quer não. Se você olhar atentamente para seus piores inimigos e para os criminosos do mundo, como Stalin, Hitler ou Bin Laden, poderá reconhecer que, por trás de suas fachadas agressivas, eles também têm esse desejo – que não ousam revelar para ninguém, muito menos para si mesmos. Eles se julgam muito fracos por terem tal necessidade e se envergonham dela, escondendo-a por trás de uma máscara de pseudoforça. E, desse modo, passam a negar e esquecer o anseio mais profundo oculto sob seu impulso para o sucesso, o poder, o domínio, a riqueza, a celebridade ou a vingança.

Quando você nota como seus companheiros humanos se envergonham do desejo de amor que sentem, encarando-o como uma fraqueza, algo que odeiam em si mesmos, como isso o afeta? Até que ponto todos nós ocultamos a ternura de nosso coração, para que ninguém possa vê-la! Quando você contempla isso, pode surgir um vislumbre de compaixão por si mesmo e por todos os seres que querem conhecer a felicidade, mas continuamente a mantêm acuada.

Os dois mandamentos de Cristo estão conectados também de outra maneira: o amor sem limites não pode fluir para dentro de nós a menos que tenha também uma válvula de escape que lhe permita continuar circulando. Se a abertura para o amor absoluto desobstrui o canal interno, a expressão da ternura e da bondade limpa o canal externo, removendo antigos traços de ressentimento que ainda o bloqueavam. Mesmo que comecemos a praticar a bondade apenas de maneiras sutis, como deixando alguém passar a nossa frente no trânsito ou cumprimentando estranhos com uma voz amigável, isso exercita nosso coração, além de nos nutrir. Pois, como nos aponta o mestre indiano Sri Poonja: "Quando você ama, está amando seu próprio coração.".

Vivendo por amar a vida

Saber que estamos amparados no grande amor nos tira da condição de mendigos que esperam ansiosamente pela próxima esmola. Isso nos permite agir de maneira mais criativa e efetiva no mundo. Quando deixamos de tentar conseguir secretamente o amor por meio de nosso trabalho, nós nos tornamos muito melhores artistas, homens de negócio, políticos, pais, estudantes ou professores. Estamos liberados para fazer o que fazemos como uma forma de jogo criativo, em vez de fazê-lo como uma forma de validação do eu.

O mesmo princípio é verdadeiro em todos os cenários, desde a liderança política até a prática espiritual. Dados os grandes desafios que nosso planeta enfrenta, há uma enorme necessidade de líderes sábios que possam, a partir de seu amor pela humanidade, colocar o benefício de longo prazo do planeta acima do interesse de curto prazo de suas estatísticas de aprovação.

Nas comunidades religiosas, um dos maiores obstáculos para o desenvolvimento espiritual é a agenda secreta para conseguir o amor por meio de um comportamento de bom paroquiano, meditador sério ou discípulo esforçado. Tentando fervorosamente ser bom, meditar de forma correta, orar sinceramente, dedicar-se a seu mestre ou a seu serviço, as pessoas esperam obter o reconhecimento de Deus, do guru ou da comunidade que elas nunca compreenderam quando crianças.

Entretanto, todo esse esforço só as deixa com faces tristes, austeras. Tentar conseguir aprovação ou aceitação é sempre uma tarefa sombria.

Durante muitos anos me envolvi em práticas espirituais da maneira deficiente que acabei de descrever. E, para muitos de nós, pode ser inevitável começar dessa forma. Embora eu tenha encontrado grandes benefícios na meditação – maior consciência, maior entendimento, maior compaixão – perturbava-me o fato de eu não conseguir muito prazer nisso. Embora minha vida fosse boa na maioria dos aspectos, eu ainda carecia de uma sensação profunda de alegria em meu coração.

Essa ausência de contentamento tornou-se meu *koan* – um enigma zen que requer uma resposta que não pode vir da mente. Durante anos tentei descobrir o que estava faltando, e notei muitas coisas relacionadas ao que estava bloqueando minha alegria, coisas importantes que eu precisava observar. Mas nenhuma delas eliminou a nuvem que cobria meu coração.

Só quando comecei a descobrir o acesso direto ao amor perfeito dentro de mim é que o sol finalmente começou a surgir de trás das nuvens de uma maneira mais consistente. A alegria surgiu do fato de saber que eu estava totalmente integrado com a presença do amor e que não tinha de provar ou conseguir nada para merecer essa benevolência, porque ela já fazia parte da estrutura de quem eu era.

A partir daí passei a reconhecer que a energia radiante do discernimento no âmago de meu ser é intrinsecamente bem-aventurada ou, nas palavras do poeta Blake, como um "eterno encantamento". Quando o amor ou a paixão fluem livremente experimentamos a felicidade. E quando despertamos para a felicidade que corre em nossas veias, o amor radiante brota naturalmente.

É claro que, em nossa vulnerabilidade humana, não há como evitar a perda e a separação daquilo que amamos. Não podemos evitar voltar repetidamente à experiência de estar só. Ninguém pode finalmente entrar em nossa pele e compartilhar nossa experiência – as nuances que só nós sentimos, as mudanças pelas quais só nós passamos, a morte que só nós devemos morrer. Não obstante, a perda, a separação e essa fundamental solidão são mestres importantes, pois nos obrigam a viver no único lar real que temos – a presença nua do coração, que nenhuma perda externa pode destruir.

O ato de nos mantermos em nossa verdadeira base é o bálsamo curador fundamental para a dor da separação e para a mágoa do amor. "Você deve se apaixonar por aquele que está dentro de seu coração", diz o mestre Poonja. "Então verá que ele sempre esteve ali, mas você queria outra coisa. Para experimentar essa felicidade, esqueça-se de todos os outros sabores e prove o vinho servido dentro de você." A cordialidade e a abertura em nosso interior é o amado mais íntimo que está sempre presente e em cujos braços podemos finalmente nos deixar repousar.

EPÍLOGO
Quem o Está Abrigando?

Sarah era uma mulher extremamente inteligente e atraente com quem trabalhei em terapia durante vários anos. Tendo passado por três casamentos e muitos casos, ela queria desesperadamente encontrar um relacionamento em que pudesse finalmente se estabelecer. Mas nunca foi capaz de criar um que funcionasse para ela.

O pai de Sarah abandonou a família quando ela ainda era bebê, e sua mãe se casou com outro homem. A mãe nunca contou a verdade à menina, deixando que ela acreditasse que o novo marido era seu pai verdadeiro. Durante toda a sua infância Sarah teve a sensação de que algo estava faltando, mas não sabia o que era. Além disso, a mãe não foi capaz de cuidar das necessidades emocionais da filha e, em vez disso, foi Sarah quem acabou cuidando de sua mãe. Consequentemente, Sarah passou a acreditar que o amor é escasso e que ela devia conseguir cada migalha que dele aparecesse em seu caminho.

Sarah continuamente demonstrava essa crença em seus relacionamentos com os homens. Casou-se com indivíduos emocionalmente indisponíveis e teve casos apaixonados com homens que tinham outros compromissos. Sua tendência era se concentrar naquilo que o parceiro queria, colocando-se de lado. Como resultado, embora ela tivesse uma bela alma, nunca havia encontrado um homem que a enxergasse ou a valorizasse o bastante para se entregar inteiramente a ela.

Depois de trabalhar muito essas questões, Sarah finalmente encontrou Eric, que era louco por ela, e ela, por ele. A única complicação era que Eric ainda estava envolvido com outra mulher, a quem ele dedicava metade de seu tempo e cujos filhos ele havia ajudado a criar. Embora ele amasse e desejasse profundamente Sarah, seu medo das consequências de deixar a outra mulher o impedia de se comprometer totalmente com ela.

Sarah esperou por Eric durante vários meses e sentia um sofrimento torturante quando ele estava com a outra mulher. Finalmente, ela não pôde mais suportar. Percebeu que teria de parar de vê-lo se ele não conseguisse romper com a outra. Embora isso fosse difícil para Sarah, durante nosso trabalho ela havia conquistado suficiente autorrespeito para saber que tinha de fazê-lo. No entanto, a atitude de deixar de ver Eric também provocou ondas poderosas de emoção que lhe permitiram explorar sua principal mágoa mais profundamente do que antes.

Como esse relacionamento foi o que mais se aproximou daquilo que Sarah queria com um homem, a incapacidade de Eric de se comprometer foi totalmente devastadora. Ela sentiu uma raiva enorme, e eu a encorajei a senti-la em sua totalidade. Depois de trabalhar a raiva, ela se entristeceu por ter se envolvido, mais uma vez, em um relacionamento com alguém que não estava plenamente disponível para ela.

Quando ela se abriu para sua tristeza, eu lhe perguntei o que era mais doloroso, ao que respondeu: "Sentir-me tão sozinha e nunca conseguir satisfazer minhas necessidades.". Então investigamos o que ela mais necessitava, e ela disse: "Estou cansada de me esforçar tanto para encontrar alguém que me ame. Quero saber que posso contar com alguém, que posso relaxar e acreditar que tudo pode ser diferente.".

Estávamos em um ponto crítico. Sarah jamais havia desenvolvido um relacionamento satisfatório porque nunca foi dona de si ou se permitiu sentir totalmente seu desejo de ser amada, com a vulnerabilidade e o risco que isso implicava. Ao contrário, tinha sido sempre muito mais seguro se concentrar em cuidar das necessidades do parceiro, esperando que ele lhe atirasse algumas migalhas. Dessa vez era diferente. Sarah estava finalmente reconhecendo a profundidade de seu anseio por conseguir ser abrigada em amor.

Encorajei Sarah a repetir as palavras "Eu quero me sentir abrigada" e a ver como isso a afetava. Quando ela fez isso, uma ternura e uma suavidade começaram a se espalhar por todo o seu corpo. O foco não estava mais em Eric ou em sua tristeza. Experimentar honestamente seu anseio profundo de se sentir acolhida lhe permitiu relaxar. E, relaxando, ela descobriu uma presença que realmente parecia abrigá-la e apoiá-la. Isso teve um profundo efeito sobre ela. Todo o seu rosto se suavizou em um sorriso e ela ficou totalmente em paz.

Depois de algum tempo, eu a encorajei a alterar ligeiramente as palavras – para ver como ela se sentiria dizendo "Eu quero *me permitir* me sentir abrigada.". Embora essa frase fosse apenas um pouco diferente, colocava mais ênfase em sua disposição de se abrir àquele abrigo.

De início, isso lhe pareceu um pouco ameaçador. A mudança da frase lhe permitiu ver como era difícil para ela se deixar ser amparada. Crendo que ninguém estaria confiavelmente se importando com ela, Sarah havia se empenhado em ser independente, como uma forma de compensar a carência de amparo durante sua infância. Então, mudar a engrenagem e se permitir sentir-se abrigada era assustador: ameaçava sua postura como mulher que venceu pelo próprio esforço e a fazia sentir-se extremamente vulnerável. Quando terminamos, eu a encorajei a continuar explorando, na semana que se seguiria até a próxima sessão, seu desejo de se sentir abrigada.

Antes da sessão seguinte, Sarah sofreu um pequeno acidente de carro e acabou telefonando para Eric a fim de pedir-lhe apoio e ajuda. Ele adorou poder cuidar dela durante o fim de semana, e isso a confortou. No entanto, embora ela se sentisse consolada nos braços de Eric, também entendia que aquilo não era nem de longe tão poderoso quanto a presença acolhedora que ela havia sentido em meu consultório na semana anterior.

Mais tarde, naquela mesma semana, Sarah compareceu ao funeral do pai de uma amiga, Jill. Sarah abraçou a amiga enquanto essa chorava durante a cerimônia. Mais tarde, quando Jill agradeceu a Sarah por confortá-la, essa sentiu uma sensação estranha, algo como "Não me agradeça; eu não estava fazendo nada.". Sim, ela havia abraçado Jill de uma forma carinhosa que pareceu terna e doce. Entretanto, em um ponto do processo, ela sentiu uma mudança no corpo de Jill: algo havia se desprendido, e então Jill relaxou e se deixou lançar sobre um ponto de apoio em meio a sua tristeza, como havia acontecido com a própria Sarah em meu consultório, na semana anterior. Esses dois incidentes ajudaram Sarah a começar a desenvolver uma nova e profunda percepção: que outra pessoa não pode prover, de fato, o abrigo fundamental que nós mais precisamos.

Durante a sessão seguinte, Sarah começou a ligar os pontos e entendeu que a mudança que havia ocorrido no corpo de Jill era similar a algo que ela com frequência experimentava em meu consultório. Durante anos Sarah comentou como ela se sentia diferente em meu consultório em comparação ao que sentia fora dali. Fora das sessões, ela corria para apagar incêndios, cuidar das pessoas, lutar com as listas de coisas a fazer e, em geral, sentia-se irritada e estressada. No consultório, ela conseguia se acalmar, relaxar, vivenciar conscientemente seus sentimentos, conectar-se consigo mesma e entrar em uma presença mais profunda, que era, ao mesmo tempo, tranquilizante e fortalecedora. Por que – ela frequentemente perguntava – eu não consigo me sentir assim em minha própria casa?

Todos esses anos Sarah encarou nossas sessões como um ambiente protegido que a ajudava a ser ela mesma de modo mais pleno. Em certo sentido, isso é verdade: eu estava amparando sua experiência, assim como ela amparou sua amiga no funeral. Eu a escutava e me dispunha atentamente, recebendo sua experiência de maneira atenta e condescendente. A singela conexão entre nós havia sido profundamente curadora para ela e lhe permitiu aprender novas maneiras de se relacionar consigo mesma e com os outros. Na verdade, esse tipo de ambiente acolhedor é a base da cura terapêutica.

Além disso, em um sentido mais profundo, minha presença protetora lhe permitiu relaxar e adentrar sua própria base de apoio. E, ao fazê-lo, ela descobriu um abrigo mais amplo, que já estava naturalmente ali. Por meio da experiência desse abrigo, Sarah conseguiu perceber a sustentação de uma ternura e uma presença maiores, que abrigavam toda a sua existência.

Naquele instante eu podia dizer algo que ela finalmente estava pronta para ouvir: "Você se sente acolhida quando está aqui neste consultório mas, na verdade, eu não estou lhe abrigando mais do que você abrigou a tristeza de Jill no funeral, ou quando Eric abrigou seu sofrimento durante o fim de semana. Você estava amorosamente presente na tristeza de Jill, mas não conseguiu abrigar a tristeza que ela sentia porque aquela experiência era só dela. A mesma coisa está acontecendo aqui. Só você está vivenciando seus sentimentos; portanto, eu não posso literalmente abrigá-los. Mas minha sintonia com o que você está sentindo a ajuda a encontrar força para enfrentar o que realmente está passando e a abrir-se para isso. Quando você se abre assim, está finalmente se dispondo a si mesma. E, então, descobre algo que está sempre aí, acolhendo-a.".

– Como posso me abrigar assim em casa? – perguntou Sarah.

– *Você* não pode se abrigar. Não é o *eu* que proporciona abrigo, da mesma forma que eu, como terapeuta, nunca realmente abriguei sua experiência. Quando estou aqui disponível a você, isso ajuda *você* a estar disponível para si mesma. E o fato de você se dispor para si mesma é *o que* lhe dá a experiência de se sentir abrigada.

Assim como a vasta expansão do espaço iluminado pelo sol está sempre nutrindo a terra e cuidando dela, também a afeição e a disponibilidade de nosso ser maior, nossa natureza amorosa, estão sempre nos abrigando e nos envolvendo, quer tenhamos quer não conhecimento disso. A única coisa que nos separa dessa presença maior é a tendência de nos afastarmos de nossa experiência ou de nos deixamos envolver pelas nuvens da cautela.

Diferentes tradições espirituais descrevem esse esteio autêntico de maneiras variadas. Cristãos, judeus e muçulmanos dizem que Deus está nos abrigando – que Ele tem todo o mundo em Suas mãos. Outras tradições dizem que a Mãe Divina sempre nos abriga em Seus braços. Os budistas dizem que vivemos dentro da expansão da consciência aberta, compassiva – a natureza de Buda dentro de cada um de nós. (O termo budista para a lei fundamental da existência – *Dharma* – significa literalmente "aquele que abriga".) Qualquer que seja a linguagem religiosa, esse amparo é encarado como vasto e espaçoso, e também benevolente e afetuoso.

A ausência de acolhimento na infância de Sarah fez que ela se contraísse e tentasse se manter em pé, o que lhe dificultou reconhecer o abrigo maior. Mas sob novas perspectivas, isso começou a mudar.

Ao conseguir contar consigo mesma, ela desenvolveu uma nova percepção da vida que a abrigava de maneira bondosa. Isso lhe trouxe confiança e força novas. Ela encerrou a terapia pouco tempo depois.

Cerca de um ano mais tarde, deparei com Sarah em um evento social. Perguntei-lhe como iam as coisas, e ela me disse que estava em um novo relacionamento que parecia seguir bem. Muito tempo depois de terminar com Eric, ela desistiu de buscar um relacionamento; em vez disso, concentrou-se em contar consigo mesma. "Essa foi uma época rica para mim. Foi a primeira vez em que fui capaz de desfrutar de mim mesma e de minha vida sem um homem. Aprendi a apreciar cada dia, não pelo que eu estava realizando, mas pela experiência de estar viva. Era como ter um relacionamento íntimo comigo mesma e com minha própria vida. Eu vi como havia anteriormente descartado esse tesouro para mendigar o amor de outras pessoas."

Após seis meses, Sarah conheceu um novo homem, mas de início não o achou tão interessante. Ela não sentia grande necessidade de se envolver porque vinha desfrutando muito de seu tempo sozinha. "Passamos algum tempo juntos e foi agradável, mas nada extraordinário."

Porém, pouco a pouco, as coisas começaram a se desenvolver entre eles. Ele também havia sofrido algumas grandes desilusões com mulheres. Então, ambos iniciaram o relacionamento sem muitas expectativas. "As coisas pareciam simples, cada um de nós gostava do que via, e nossa admiração mútua foi se aprofundando com o passar do tempo. Conseguimos aceitar um ao outro de uma maneira simples que eu nunca havia experimentado antes."

Tendo percebido que estava abrigada no abraço da vida, Sarah não mais esperava que um homem fosse a base de sua existência. E isso lhe permitia experimentar a conexão calorosa que se torna possível quando um relacionamento não está mais sobrecarregado por expectativas de satisfação total.

Sarah prosseguiu, admitindo o fato de ter passado a maior parte de sua vida sonhando com o amor perfeito e culpando os homens com quem se relacionou por não corresponderem a sua expectativa. Mas, recentemente, algo havia mudado. Em vez de se ressentir com as falhas deles, ela conseguia agora ver como cada um daqueles homens, até mesmo seu pai, estava ferido. E, embora a mágoa que carregavam os tivesse impedido de deixar seu amor brilhar plenamente, ela reconhecia que cada um deles a amou a sua própria maneira. "Estou aprendendo a me concentrar nas maneiras em que eu *fui* amada, em vez de pôr o foco nas maneiras em que não o fui."

Senti-me comovido com as palavras de Sarah e com a sensação de liberdade que provinha delas. E me lembrei do último ano de vida de minha mãe, quando fui finalmente capaz de me livrar de meu ressentimento, por ela não ter conseguido me enxergar, e de apreciar todas as formas pelas quais ela havia me amado. Lembro-me de como me senti aliviado ao libertar, desse modo, meu coração.

Sarah passou toda a sua vida tentando encontrar alguém que pudesse preencher o vazio de amor que herdara de sua infância. Mas ninguém jamais havia sido capaz de mensurá-lo. Finalmente, obrigada a se voltar para si própria, ela aprendeu a contar consigo mesma e descobriu que sua vida estava abrigada no amor. Isso a libertou para ter um tipo de relacionamento mais simples com um parceiro, sem as tantas sobrecargas dos velhos dramas e lutas.

No final de nossa conversa, Sarah me deixou com as seguintes palavras: "É incrível. Agora que eu não espero tanto, a intimidade pessoal com um homem é mais doce do que jamais foi antes. Meu novo relacionamento está longe de ser o ideal, mas eu diria que é muito bom. Talvez tenha sido isso o que o fato de saber que sou amada me proporcionou: a capacidade de me satisfazer com um amante suficientemente bom. Ainda que o amor humano não seja perfeito [...] ainda estou disposta a vivenciá-lo.".

EXERCÍCIOS

Os exercícios aqui apresentados (dispostos de acordo com os capítulos correspondentes do livro) têm se mostrado úteis para as pessoas que participam de meus *workshops* e treinamentos. Muitos desses exercícios envolvem olhar para dentro de si e responder a perguntas fundamentais. Você pode responder às perguntas por escrito ou simplesmente refletindo sobre elas. Sugiro-lhe tranquilizar-se por alguns momentos no início de cada exercício, respirando profundamente e sentindo-se presente em seu corpo.

Introdução
RECONHECENDO SEU RESSENTIMENTO

Este exercício vai ajudá-lo a identificar o principal padrão de ressentimento que está atuando em sua vida e em seus relacionamentos. Trazer à consciência esse padrão adverso de sofrimento é o primeiro passo para se libertar dele.

1. Pense em alguma situação difícil, estressante ou dolorosa que ocorre em um de seus atuais relacionamentos – com um amigo, amante, cônjuge, colega de trabalho ou membro da família.
2. Quando você pensa nessa situação difícil, como isso reflete em seu corpo? Como isso o afeta?

3. Quando discordamos de outras pessoas, com frequência nos colocamos em oposição a elas. De que maneira você está enxergando a outra pessoa como um adversário? Observe como essa postura de oposição afeta seu sistema nervoso. (Por exemplo, você se sente ansioso, tenso ou pesado?)

4. Pergunte a si mesmo se essa é uma antiga batalha familiar que você está travando, uma batalha que vem se estendendo por toda a sua vida. O que é familiar nela? O que ela evoca em seu passado? Qual é o antigo ressentimento contra "o outro" que está surgindo de novo nessa situação? Diga isso em uma única sentença, no tempo presente, começando com "Você ..." e se imagine dizendo isso à outra pessoa. (Por exemplo, "você não me enxerga", "você não me trata bem", "você só quer se aproveitar de mim".)

5. Uma vez que você tenha declarado o ressentimento, observe como ele está ligado a uma sensação antiga e familiar de "você não me ama (enxerga, aprecia, conhece) como eu sou".

6. Como é reconhecer esse antigo ressentimento por não ser amado e perceber que ele ainda continua vivo em você, afetando suas interações com os outros? É importante não julgá-lo. Em vez disso, veja como se sente ao trazê-lo à tona e reconhecê-lo.

Capítulo 1

EXPLORANDO O AMOR COMO UMA EXPERIÊNCIA INTERIOR

Este exercício vai ajudá-lo a explorar a experiência que você mais deseja em um relacionamento amoroso. Deslocar o foco para sua experiência interior ajuda a mover a zona de controle de "lá de fora" para "aqui dentro", para que você não fique totalmente dependente de um relacionamento externo para obter aquilo de que mais necessita.

Por repetidas vezes, neste exercício você fará perguntas-chave e também as responderá. É melhor fazer isso em pares, mas se você não tem um parceiro para fazê-lo com você, pode também formular as perguntas a si mesmo e depois fazer uma pausa para pensar antes de respondê-las. Responda o que primeiro lhe vier à mente, sem pensar demais na resposta.

1. Olhando um para o outro, um de vocês faz uma pergunta (dentre as listadas abaixo); a outra pessoa olha para dentro de si e então responde em uma ou duas frases. Depois, o questionador repete a pergunta e o interrogado responde novamente. Não há diálogo durante o exercício. Este processo continua durante um período de 5 a 10 minutos.

   O formato de questão repetida destina-se a ajudá-lo a investigar melhor o assunto. Cada vez que a pergunta é feita, você pode olhar mais profundamente dentro de si mesmo. Neste exercício específico há duas perguntas feitas sequencialmente:

   Por que tipo de amor você mais anseia?
   E o que isso realmente lhe proporcionaria?

   A primeira pergunta o convida a entrar em contato com a maneira como você mais quer ser amado. Ao responder a essa questão, dê a si mesmo total permissão para dizer o que realmente deseja. A segunda pergunta lhe pede para considerar o que isso realmente lhe proporcionaria internamente. Em outras palavras, qual é a experiência interior que você mais deseja vivenciar e que lhe faz querer sentir-se amado? Por exemplo, o exercício pode se desenvolver mais ou menos assim:

   Questionador: Por que tipo de amor você mais anseia?
   Respondedor: Quero me sentir percebido e entendido.
   Questionador: E o que isso realmente lhe proporcionaria?
   Respondedor: Uma sensação de pertencimento.
   Questionador: Por que tipo de amor você mais anseia?
   Respondedor: Eu quero saber que alguém me quer apenas por eu ser quem sou.
   Questionador: E o que isso realmente lhe proporcionaria?
   Respondedor: Eu poderia relaxar e me sentir mais confiante.

2. No fim de 5 ou 10 minutos, o questionador e o respondedor trocam os papéis. Na conclusão do exercício, vocês podem conversar sobre como se sentem ao reconhecer o amor pelo qual vocês mais anseiam e o que isso lhes proporcionaria. Se você fizer este

exercício sozinho, reserve algum tempo para sentir o efeito de reconhecer essas coisas.

SENTIR-SE AMADO É *SER* AMADO

Este exercício vai ajudá-lo a explorar como o fato de ser amado permite que a janela de seu coração se abra, para que você experimente o amor como algo que está dentro de você, em vez de compreendê-lo como algo que alguém lhe proporciona.

1. Pense em alguém que o ame – um amante, cônjuge, amigo ou membro da família. Permita-se sentir o amor e o carinho dessa pessoa por você.
2. Observe como você associa esse bom sentimento à outra pessoa e como tende a enxergar o outro como a causa ou a fonte desse sentimento.
3. Agora, pare de pensar na outra pessoa e preste atenção no que acontece em seu corpo quando você se sente amado. Preste particular atenção ao centro do coração, à área que está no centro de seu peito. Veja se consegue reconhecer a ternura ou a plenitude em seu coração *como sua própria experiência*, como algo que vem de dentro de você, algo que é seu.
4. Qual é a sensação de reconhecer isso?

Capítulo 2

RECONHECENDO SEU INVESTIMENTO NO RESSENTIMENTO

Este exercício lhe permite explorar e nomear o benefício oculto que há no fato de se apegar ao ressentimento contra os outros. Você pode fazer a repetição de perguntas com outra pessoa ou sozinho.

1. Volte ao ressentimento que você enunciou no primeiro exercício, intitulado "Reconhecendo seu ressentimento".
2. Identifique qualquer circunstância em que pareça bom se apegar a esse ressentimento. Veja se consegue reconhecer e admitir a satisfação que sente ao atribuir o erro à outra pessoa.
3. O que a atribuição do erro à outra pessoa lhe provoca interiormente? O que isso faz por você? Se você conseguisse provar para

essa pessoa que ela está errada e fazer que ela aceite estar errada, o que você obteria com isso?

4. O próximo passo envolve uma pergunta a ser repetida: Qual é a vantagem de se apegar a esse ressentimento? (Uma pessoa faz a pergunta; a outra olha para dentro de si e depois responde em uma ou duas frases. Em seguida, o questionador repete a pergunta e o respondedor responde novamente. Não há outro diálogo durante o exercício. Este processo continua durante um período de 5 a 10 minutos. Depois, o questionador e o respondedor trocam os papéis.)

5. Cada vez que responder a essa pergunta, explore e descreva o benefício que você obtém quando se apega ao ressentimento. É importante não se julgar de modo nenhum, mas apenas se deixar ver a realidade de maneira neutra e inquisitiva.

O OUTRO RUIM

Este exercício vai ajudá-lo a ver como as projeções do outro ruim atuam em seus relacionamentos.

1. Pense em um conflito recente com seu parceiro, ou com qualquer outra pessoa, em que você tenha se sentido maltratado, mal compreendido ou magoado de algum modo.

2. Identifique como a sensação de ser maltratado repercute em você, particularmente qualquer raiva ou frustração a ela associada.

3. Quando você sente raiva ou frustração, como enxerga a outra pessoa? Que quadro do outro ruim lhe vem à mente? (Por exemplo, você pode enxergar o outro como indiferente, hostil, invasivo, repudiante, desertor ou controlador.)

4. Agora, pergunte a si mesmo: até que ponto esse quadro do outro ruim lhe é familiar em toda a sua história de vida? De que aspectos de sua infância isso lhe faz recordar?

5. Reconhecendo esse quadro do outro ruim como algo que você carrega consigo desde o passado, veja se consegue separá-lo da pessoa com quem você está se relacionando no momento presente.

6. Como é ver essa pessoa separada do quadro do outro ruim?

Capítulo 3

MESCLANDO O RESSENTIMENTO COM O SOFRIMENTO: ENCONTRANDO A SI MESMO NA ZONA DE DESAMOR

Este é o processo da presença incondicional aplicada ao sofrimento do desamor, como está descrito no Capítulo 3.

1. Pense em alguma ocasião em que você não se sente plenamente amado em um relacionamento que esteja vivenciando atualmente – com um amante, amigo ou membro de sua família.
2. Como você experimenta essa sensação de desamor em seu corpo? Observe a qualidade específica das sensações corporais (tais como pesada, ansiosa, contraída, nervosa, fria, vazia, entorpecida, quente, densa, maçante) e o local de seu corpo onde você as sente mais intensamente.
3. Identifique a emoção e as sensações que estão aí, tocando-as diretamente com sua consciência. Se você se sente enrijecido ou contraído, deixe sua respiração tocar e permear a sensação de tensão.
4. Em seguida, veja se você consegue permitir que o sentimento de desamor fique aí exatamente como ele é, sem tentar consertá-lo, modificá-lo ou julgá-lo. Abra espaço em torno das sensações em seu corpo, dando-lhes liberdade para estarem aí justamente como estão. Experimente as sensações à medida que elas são abrigadas nesse espaço agradável, amplo.

Como é identificar e permitir o sentimento de desamor e as sensações que o acompanham?

Se lhe parecer ruim identificar e dar vazão a um sentimento, isso provavelmente significa que você está rejeitando-o ou identificando-se com ele, em vez de permitir amplamente sua presença e lhe dar espaço para estar aí. A pergunta aqui não é "Como você percebe a zona de desamor?" (sim, pode percebê-la como dolorosa), mas "Como o afeta a atitude de entrar em contato com esse lugar e dar-lhe espaço para estar aí exatamente como ele é?". Se você se sente paralisado ou oprimido pelo sofrimento, coloque mais atenção e ênfase no espaço da consciência que envolve a dor. Como espaço, ele é maleável. O sofrimento pode ainda estar aí, mas o ato de permitir que esteja aí não é em si doloroso. Em geral, parece mais um alívio, embora nem sempre se perceba isso inicialmente.

Também de modo sutil, coloque de lado quaisquer histórias pessoais próprias que possam surgir quando você encontra a sensação de desamor (coisas como: "Isso significa que eu não desperto amor", "É ruim sentir-me assim", "Se eu me permitir sentir isso, vou ficar deprimido").

Se surgir uma resistência forte ao sofrimento do desamor e essa se tornar um obstáculo, é melhor deslocar o foco para a própria resistência. Essa relutância é compreensível: simplesmente significa indisposição para sentir tal sofrimento. Nesse caso, você pode reconhecer a resistência e lhe dar espaço para estar aí também. Tanto o sofrimento quanto a resistência podem ter seu próprio espaço sem obrigatoriamente cancelar um ao outro. Depois de abrir um espaço separado para que a resistência esteja ali, você pode retornar ao sofrimento e continuar trabalhando com ele. Ou, se a resistência insistir, você pode praticar a presença incondicional com ela em vez de fazê-lo com a sensação original.

No início, pode ser suficiente aprender e praticar os passos 1 − 4 durante um tempo.

1. Se você se sentir pronto para ir adiante, veja se consegue se abrir honestamente ao sofrimento do desamor, derrubando qualquer barreira que possa manter você em oposição a ele. Você pode abrir seu coração para esse sofrimento, como uma experiência presente, corporalmente sentida? Se for assim, veja como se sente diante dessa abertura.

2. Um passo além: agora que está aberto para o sofrimento, deixe que sua consciência penetre bem no centro dele. Veja se consegue relaxar ou render-se às sensações e tornar-se integrado a elas. Como o afeta o fato de estar presente bem no meio do sentimento que está aí?

Resumo: Reconhecer o sentimento é como encontrá-lo. Permiti-lo é deixar que o sentimento esteja aí como ele é. Abrir-se é como descerrar a porta diante dele e encará-lo diretamente, sem se afastar ou se abrigar nele. E penetrar o sentimento é como entrar por essa porta e se instalar bem no centro dele. Se você conseguir trabalhar dessa forma com o sentimento de desamor, isso vai ajudá-lo a tolerar esse sentimento e entender que você é maior do que ele e, por isso, não terá mais que temê-lo.

ASSUMINDO SUA RAIVA OU ÓDIO

Esteja consciente de que você pode não estar pronto para este exercício neste momento. As pessoas muitas vezes precisam trabalhar seu sofrimento e sua mágoa durante um longo tempo antes de estarem prontas para lidar com sua raiva ou ódio ocultos. Se esse for seu caso, trabalhe mais com o exercício anterior.

É também importante distinguir entre se deixar sentir raiva ou ódio e expressá-los contra as outras pessoas. Este exercício se destina tão somente a ajudá-lo a se permitir ter o sentimento. Isso não significa que você precise expressar esses sentimentos para alguém. (Comunicar a raiva pode ser importante às vezes, mas fazê-lo de maneira produtiva é uma prática venerável que está além do escopo deste livro.)

1. Pense em um ressentimento que você tem em relação a alguém em sua vida (por exemplo, seus pais ou um amante que não o tratou bem).
2. Você consegue identificar seus sentimentos de raiva ou ódio para com essa pessoa? Não se concentre nos erros dela, mas sim nas sensações de raiva ou ódio que você sente em seu próprio corpo. Identifique essas sensações sem se deixar levar por julgamentos ou histórias de acusação, culpa ou vergonha. Se histórias assim vierem à tona, coloque-as gentilmente de lado e volte ao sentimento corporal.
3. Dê à raiva ou ao ódio bastante espaço para estar aí. É como um incêndio – se você o mantiver em um espaço pequeno, ele se torna como uma panela de pressão prestes a explodir. Você pode reduzir a pressão abrindo espaço em torno do sentimento e permitindo que a raiva ou o ódio se expanda nesse espaço. O sentimento pode se expandir até encher todo o recinto, toda a vizinhança ou todo o mundo. Respire profundamente. Como você se sente deixando esse sentimento expandir-se no espaço, em vez de reprimi-lo dentro de seu corpo?

   Os itens 1–3 podem ser suficientes de início. Se quiser ir adiante:
4. Deixe que o ódio tenha uma voz. Como se você estivesse segurando um microfone diante do sentimento, convide-o a dizer o que

ele odeia. Você pode repetir a seguinte declaração várias vezes, até que tenha expressado tudo o que está aí: "Eu odeio quando...".

5. Observe como você se sente ao dar voz ao ódio. Surge alguma sensação de clareza, força ou poder? Se for assim, abra-se para ela e sinta-a em seu corpo.

Capítulo 4

DESENVOLVENDO A PRESENÇA INCONDICIONAL: PERMITINDO-SE TER SUA EXPERIÊNCIA

Este processo está descrito mais integralmente nos Capítulos 3 e 4. No Capítulo 3, e nos exercícios para esse capítulo, apresentamos o assunto da seguinte forma: "Encontrando a si mesmo na zona de desamor". Aqui ele está apresentado de uma maneira mais ampla, que pode ser aplicada a qualquer sentimento. Os quatro principais passos são: *identificar, permitir, abrir-se* e *entrar*.

1. Concentre-se em alguma experiência de sua vida com a qual você tenha enfrentado alguma dificuldade para lidar.
2. Veja se está disposto a se voltar para essa experiência e explorar o modo como ela o afeta.
3. Como você sente essa experiência em seu corpo? Preste atenção às sensações e ao local de seu corpo em que as sente. *Identifique* essas sensações exatamente como elas são, enfrentando-as objetivamente, estabelecendo contato com a maneira como elas repercutem em seu corpo. (Isso é como cumprimentá-las.) Como se sente entrando em contato com esse sentimento e identificando-se com ele?
4. Tendo identificado a presença dessas sensações em seu corpo, veja se consegue *permitir* que elas estejam aí, dando-lhes bastante espaço para serem exatamente o que são. Mantenha o sentimento no espaço da consciência sem:
   • reagir a ele;
   • julgá-lo;
   • tentar modificá-lo ou repará-lo;
   • ficar prisioneiro dele;
   • identificar-se com ele;

- fazê-lo significar algo sobre você; ou
- endurecer-se contra ele.

Deixe-se suavizar em torno dele como o céu abriga uma nuvem – sem resistência, simplesmente deixando-a estar ali –, ou como uma mãe segurando um bebê, com suavidade e carinho.

Como é essa experiência? Como você se sente quando não apenas permite que o sentimento entre, mas também dá espaço para que ele esteja aí, exatamente como ele é?

Isso pode bastar por ora. Se você quiser ir além:

1. Veja se consegue se *abrir*, abrir seu coração a esse sentimento, derrubando qualquer barreira entre você e ele. Abra-se sinceramente às sensações que estão acontecendo em seu corpo. Preste atenção à sensação da abertura. Como é sentir isso?
2. Uma vez aberto às sensações em seu corpo, deixe sua consciência relaxar, *entre* diretamente no centro delas e se integre a elas. Isso é como se instalar aí, tornar a viver em um lugar onde você normalmente se fecha. Como você se sente abrigando esse sentimento de modo consciente?
3. Alguma sensação nova (como alívio, paz, expansividade, firmeza, força) se torna disponível quando você se permite experimentar o sentimento, abre-se para ele e o vivencia? Se isso acontece, reconheça essa nova sensação que emergiu por meio deste exercício e se abra a ela, prestando atenção em como ela se manifesta em seu corpo. Isso vai ajudar seu corpo a se acostumar à nova sensação, incorporando a experiência recém-descoberta.

DIZENDO *SIM* A SI MESMO

Esta é uma versão abreviada da presença incondicional que você pode aplicar em situações de sua vida diária.

Todos os dias, em qualquer horário, você pode simplesmente observar o que está acontecendo com sua experiência, tocando-a levemente com a consciência: "Sim, isto está aqui neste exato momento: Eu estou com medo... estou me proporcionando um momento difícil... estou desconectado de mim mesmo", e assim por diante.

Não tente manipular sua experiência ou alcançar uma condição melhor. Em vez disso, simplesmente perceba a experiência como se você estivesse encostando o dedo em uma tela de computador sensível ao toque. Vivencie-a conscientemente e deixe-a ser como ela é. Se você começar a julgar a experiência, poderá perceber isto também: "Sim, estou me julgando neste momento. Sim, estou tendo dificuldade para me aceitar neste instante." Sinta isso e deixe-o ficar. Não há necessidade de tornar sua experiência certa ou errada. Ela é apenas o que acontece agora, não é boa nem ruim em si mesma.

Uma leve variação desta prática é se deixar aberto ao que você está experimentando e ser tocado por isso, em vez de tocá-lo ativamente. Deixe-se alcançar e depois deixe o sentimento ficar aí. Isso pode permitir uma maior complacência em relação ao que você está experimentando.

UMA COMPREENSÃO BONDOSA PARA CONSIGO MESMO

Este exercício pode ajudá-lo a abandonar os ressentimentos que você tem para consigo mesmo.

1. Considere alguma ocasião em que você sai de si mesmo, permite-se ser duro consigo mesmo, julga ou odeia a si próprio.
2. Qual é o ressentimento que você tem contra si mesmo?
3. Observe como você se sente ao apegar-se a esse ressentimento, como isso afeta seu sistema nervoso. (Por exemplo, isso o torna ansioso, tenso, desanimado ou deprimido?)
4. Considere como a questão que você está julgando derivou do fato de você não se sentir amado.
5. Reconhecendo isso, veja se consegue abrigar em uma compreensão bondosa o que está julgando, como se você fosse um pai, uma mãe, um professor ou amigo sábio, experiente e compassivo.
6. Que palavras de compreensão essa pessoa sábia lhe diria?
7. Como essas palavras o afetam?
8. Para concluir, veja como se sente ao manter o julgamento de si próprio em um espaço aberto de consciência não julgadora.

BONDADE AMOROSA

Incluo aqui dois exercícios de bondade amorosa que envolvem dizer, em silêncio, algumas frases a si mesmo, enquanto você se deixa permanecer em um estado de espírito contemplativo. Essas frases não pretendem ser autossugestões ou afirmações positivas. O propósito não é criar ou impulsionar uma bondade amorosa, mas deixar que essas frases ressoem dentro de você e explorar a experiência que você tem enquanto as repete.

Comece sentando-se em silêncio e respirando profundamente algumas vezes. (Se você medita, pode realizar esta prática como parte de uma sessão de meditação.) Diga silenciosamente uma frase algumas vezes e depois deixe-a ressoar dentro de você antes de passar para a frase seguinte. Você pode repetir o conjunto de frases quantas vezes quiser.

BONDADE AMOROSA — PARTE UM

O primeiro exercício tem uma orientação mais psicológica; está direcionado para o ferimento que há dentro de você. Isso pode ser especialmente eficaz em momentos em que você está sentindo sua mágoa, sua vulnerabilidade ou a dor do desamor. Se ajudar, você pode também falar cada frase diretamente para a criança ferida que mora dentro de você.

1. Que eu possa me sentir amado.
2. Que eu possa saber que estou acolhido em amor.
3. Que eu possa saber que o amor é minha natureza intrínseca.

BONDADE AMOROSA — PARTE DOIS

O segundo exercício é mais orientado para o aspecto espiritual, porque pretende encorajar você a viver no espaço do coração aberto. Na inspiração, deixe o ar entrar no centro de seu coração, no centro de seu próprio peito, e então diga a frase silenciosamente durante a expiração. Diga cada uma das frases algumas vezes antes de passar para a seguinte. Depois de dizer algumas vezes cada frase, respire em silêncio, deixando-se sentir o que isso evoca. (Essas frases foram extraídas, com pequenas adaptações, do excelente livro de Ezra Bayda *Being Zen: Bringing Meditation to Life*.)

1. Que eu possa habitar no coração aberto.
   Depois de dizer essa frase, sinta o que existe aí. Se você sentir a energia, a abertura ou a receptividade do coração, permita-se experimentar isso. Se não sentir nada, deixe as coisas como estão e repita a frase novamente durante a expiração.
2. Que eu possa cuidar de qualquer coisa que perturbe o meu coração.
   Depois de dizer isso, observe quaisquer obstáculos ao coração aberto que possam estar presentes, tais como impaciência, medo, irritação, apatia, ressentimento ou julgamento. Veja se você pode simplesmente estender o calor da bondade amorosa para esses estados de espírito, como os raios do sol tocam as nuvens no céu. Não julgue nem tente corrigir nada.
3. Que eu possa me concentrar neste momento exatamente como ele é.
   Este é um encorajamento para dizer *sim* a qualquer coisa que você esteja experimentando. Depois de falar essa frase, simplesmente esteja consciente de quaisquer sensações, percepções, sentimentos ou pensamentos que estão presentes neste exato momento, deixando-os todos estarem aí exatamente como são.
4. Que o coração de todos os seres possa ser despertado.
   Com essa frase, experimente estender a bondade amorosa para todos os seres. Você faz isso ao desejar que o coração de todos seja despertado, que eles tenham acesso ao coração aberto – que é a fonte da verdadeira paz e da alegria. Você pode começar pensando em alguém próximo, desejando que essa pessoa vivencie isso. Depois pode estender o desejo a todos os seres, especialmente àqueles que estão sofrendo, perdidos ou desconectados de si mesmos. Se quiser, pode imaginar populações específicas do planeta que estejam sofrendo ou exercendo agressão.
5. Que eu possa habitar no coração aberto.
   Você pode terminar o exercício repetindo novamente essa primeira frase.

Capítulo 5
IDENTIFICANDO OBSTÁCULOS PARA RECEBER O AMOR

Este exercício envolve a repetição de uma pergunta para ajudá-lo a ver que obstáculos você enfrenta para receber amor. Assim como os outros exercícios de repetição de perguntas, este é mais indicado para ser feito em pares. Se você não tem um parceiro com quem trabalhar, pode lançar as perguntas a si mesmo, fazer uma pausa para considerá--las e depois respondê-las em voz alta ou por escrito.

1. Uma pessoa pergunta: "O que é assustador na abertura para o amor e no fato de deixá-la ativa o tempo todo?". A outra pessoa olha para dentro de si e, depois, responde em uma ou duas frases. Em seguida, o questionador pergunta novamente, e o respondedor torna a responder. Não há outro diálogo durante o exercício. Esse processo continua durante um período de 5 a 10 minutos.
2. O questionador e o respondedor trocam os papéis.
3. Quando você tiver identificado seus medos profundos sobre deixar o amor entrar, veja se consegue manter esses medos no espaço da bondade amorosa. Seja você o espaço de discernimento que abriga esses medos sob ternura e condescendência.

ABRINDO-SE AO SEU ANSEIO POR AMOR
Este exercício o ajuda a experimentar a energia de seu anseio como uma maneira de abrir sua capacidade para receber.

1. Observe alguma circunstância em que, neste exato momento, você se sente separado do amor.
2. Como essa separação do amor afeta seu corpo?
3. Observe se há, nessa sensação de separação, algum desejo de estar mais conectado com o amor.
4 Agora, volte-se para esse desejo interior e se permita senti-lo diretamente.
5. Abra-se à energia do desejo como uma experiência em seu corpo. Tire todo o foco de objetos externos ou de ideias sobre satisfazer esse anseio. Conserve a energia de seu profundo desejo de amor. Deixe que o anseio alcance você.
6. O que acontece quando você se abre para o anseio? Qual é sua experiência?

Capítulo 6

PRÁTICA DO AMOR ABSOLUTO

Esta é uma versão condensada da prática apresentada no Capítulo 6.

1. *Acomode-se em seu corpo.* Passe alguns minutos acomodando-se em seu corpo e respirando profundamente.
2. *Reconheça seu distanciamento em relação ao amor.* Identifique alguma situação em que você se sente desligado ou separado do amor. Veja como a ausência de amor é sentida em seu corpo e experimente isso honestamente.
3. *Sinta a energia de seu anseio.* Na circunstância em que você se sente separado do amor, perceba seu anseio por se sentir mais conectado. Identifique seu desejo de ser abrigado em amor, de ser amado como você é.

   Abra-se à pura energia desse desejo ou anseio sem se concentrar em tentar extrair alguma coisa de alguém em particular. Sinta a energia contida no anseio e deixe sua atenção repousar nessa sensação corporal. Sinta o desejo natural do coração de permanecer em amor puro e abrangente.
4. *Abra os centros do coração e da coroa.* Sinta a energia do anseio no centro de seu coração, no meio de seu peito. À medida que a energia do anseio se espalha, atente para qualquer coisa que pareça indicar que seu coração está vivo ou aberto. Deixe que o centro de sua coroa, no topo posterior de sua cabeça, também relaxe e se torne receptivo. Sinta essa abertura receptiva tanto no centro do coração quanto no centro da coroa.
5. *Permita-se receber.* Observe o desejo de receber amor que está contido em seu anseio. O que esse desejo está essencialmente lhe dizendo é: "Eu quero deixá-lo entrar em mim.". Permita-se identificar e sentir esse *sim* para receber o que está sendo oferecido.

   Enquanto você se abre para receber, investigue: há alguma presença de amor disponível neste exato momento? Não pense nisso com muita intensidade nem o procure com muita sede. Em vez disso, sinta isso muito suavemente, muito sutilmente e pergunte-se: a presença do amor está disponível neste exato momento, está em algum lugar por perto? Não imagine nem crie nada com sua mente. Não invente nada. Apenas experimente o que está aí.

Se surgir alguma sensação de receptividade ou amor, deixe-a entrar em você, deixe seus poros se embeberem nela. Sinta as células de seu corpo se banhando na presença do amor.

6. Deixe-se fundir e permita que o amor tome conta de você. Sentindo a presença do amor, relaxe e una-se a ele. Deixe-o segurar você. Suavize os limites do corpo e sinta como é se deixar misturar com essa afetividade.

Você consegue sentir o amor como uma presença suave que toma conta de você, permitindo-lhe relaxar e se deixar levar? Em vez de ter de se sustentar, deixe o amor ser sua base.

QUE VOCÊ POSSA SER FELIZ

Esta prática simples de estender a bondade amorosa aos outros é extraída do livro *Tonglen*, de autoria de Pema Chödrön, uma monja budista americana. (Esse livro contém muitas outras práticas e discussões valiosas sobre bondade amorosa e também sobre compaixão.)

Eis a prática descrita pela autora:

> Caminhe pela rua, talvez percorrendo apenas um ou dois quarteirões, com a intenção de permanecer o mais aberto possível a qualquer pessoa que você encontrar. Este é um treinamento para ser mais emocionalmente honesto consigo mesmo e mais emocionalmente disponível para os outros. Enquanto estiver caminhando [...] sinta a área de seu coração e de seu peito aberta. Ao passar pelas pessoas, você pode até sentir uma conexão sutil entre o coração delas e o seu, como se você e elas estivessem ligados por um fio invisível. Você pode pensar consigo mesmo: "Que você possa ser feliz", quando passar por elas. O principal objetivo é sentir uma sensação de interconexão com todas as pessoas que encontrar.

Pema aconselha observar os sentimentos e pensamentos que surgem à medida que você passa por cada pessoa sem julgá-las. Dê atenção a qualquer coisa que vier a sentir: medo, aversão, julgamento, reclusão ou abertura. Seja bondoso e também não julgue a si mesmo neste processo.

Essa pode ser uma boa prática a ser realizada quando você se vir julgando ou culpando alguém. Deixe que o julgamento seja um lembrete para que você diga calmamente a essa pessoa: "Que você possa ser feliz.". Esse é um grande ato de compaixão por si próprio também, pois reduz imediatamente o estresse interior.

AGRADECIMENTOS

Gostaria de agradecer à minha esposa, Jennifer, e também ao meu editor, Eden Steinberg, por editarem o manuscrito e me darem sugestões úteis, além de terem prestado seu apoio entusiástico a este livro. Também quero expressar minha gratidão aos alunos e clientes com os quais trabalhei, cuja luta para encontrar, honrar e abrir seus corações tem sido uma fonte de inspiração e aprendizagem para mim. Finalmente, quero agradecer a Arnaud Desjardins, pelo capítulo sobre o amor absoluto em seu livro *Toward the Fullness of Life*, uma das várias influências que originalmente estimularam meu envolvimento com os temas deste livro.

NOTAS

Introdução

15 *Essas verdades simples são também reiteradas pelas pesquisas da neurociência [...]*. Ver, por exemplo, LEWIS, Thomas; AMINI, Fari; LANNON, Richard. *A General Theory of Love*. New York: Random House, 2000.

15 *"Vida é amor e amor é vida."* MAHARAJ, Nisargadatta. *I Am That*. Durham, N.C.: Accord Press, 1982. p. 75.

17 *o centro vital no ventre*. Estou usando o termo *centro vital* aqui para me referir ao que os japoneses chamam de *hara* e os chineses denominam *tan-tien* inferior, localizado três ou quatro dedos abaixo do umbigo, em direção à coluna. Todos os sistemas de ioga asiáticos consideram essa área como o centro de gravidade do corpo. Dominá--lo é fundamental para todas as disciplinas das artes marciais, pois quem não está enraizado em seu centro vital é facilmente derrubado.

Em um sentido mais amplo, o *centro vital* pode também se referir a todos os chacras inferiores, ou centros de energia do corpo: o períneo, ou centro sexual; o ponto logo abaixo do umbigo; e o centro do poder no plexo solar. Neste sentido mais amplo, a constrição do centro vital cria bloqueios nas áreas de poder pessoal, erotismo/sexualidade, desejo, estabilidade pessoal, equilíbrio emocional e conhecimento instintivo.

19 *"Devemos amar uns aos outros ou morrer"*. Do poema de Auden, "September 1, 1939".

19   *os acordos políticos em que há falta de cuidado e de respeito genuínos entre os signatários acabam se rompendo e conduzindo a novos conflitos.* As reparações coercivas requeridas da Alemanha após a Primeira Guerra Mundial, por exemplo, conduziram a um ódio ainda maior e fomentaram a Segunda Guerra Mundial. A unificação política da Iugoslávia não resolveu os antigos ódios étnicos que operavam na Sérvia e em Kosovo e que levaram à guerra nesse território. Os acordos políticos tentados até agora entre Israel e Palestina não atentam para o cuidado e o respeito que poderiam pôr fim ao derramamento de sangue naquela região.

19   *Por exemplo, Martin Luther King Jr. [...].* RAPPAPORT, Doreen (Ed.). *Martin's Big Words.* New York: Hyperion, 2001.

Similarmente, o Dalai Lama declarou que "o amor e a compaixão foram omitidos de inúmeras esferas da interação por um tempo muito longo. Em geral confinados à família e ao lar, sua manifestação na vida pública é considerada impraticável, até mesmo ingênua. Isso é trágico." *The Global Community and the Need for Universal Responsibility.* Sommerville, Mass.: Wisdom Publications, 1992.

21   *Há também o "ressentimento político"[...].* A divisão política entre a esquerda e a direita, e o antagonismo intenso que a acompanha (especialmente nos Estados Unidos), resultam de duas maneiras opostas de reagir à mágoa do amor herdada da infância. Uma maneira de as crianças enfrentarem o desamparo, o sofrimento e a impotência que sentem nas famílias que não as amam devidamente é mediante uma defesa psicológica chamada "identificação com o agressor". Isso envolve se identificar com o pai castigador ou com a mãe punitiva (em geral, o primeiro), que está na posição de domínio: "Se eu puder ser igual a ele, vou ficar mais protegido". Dessa forma, a criança encontra um simulacro de poder em uma situação de impotência. Essa é a estratégia psicológica daqueles que acabam na extrema direita.

Assim, a direita defende a lei e a ordem, a segurança nacional, medidas duras, a posse de armas, a posição privilegiada da elite rica no poder e o patriotismo (extraído da raiz latina *pater*, pai). Como essa estrutura de caráter é construída sobre a negação da própria mágoa, as pessoas de direita em geral têm pouca simpatia pelos oprimidos e com frequência os demonizam, classificando-os como "usurpadores da previdência social", fracassados ou desajustados. Para eles, os Estados Unidos e a civilização industrial são o mundo adulto, enquanto os povos dos países subdesenvolvidos do Terceiro Mundo são vistos como crianças irresponsáveis que devem ser mantidas "na linha" e a quem se deve dizer o que fazer. Tal atitude constitui a base do colonialismo, da construção de impérios e das tendências totalitárias que reprimem a dissidência popular.

Essa necessidade das pessoas de direita de se verem como fortes e resolutas, em vez de desamparadas ou fracas, explica porque as pessoas da classe trabalhadora frequentemente votam em rígidos líderes de direita que, na verdade, trabalham contra os interesses econômicos dos trabalhadores. Isso porque é mais importante manter a identificação com o líder (pai) forte do que buscar seus próprios interesses (como crianças). Trata-se de algo que lhes permite sentirem-se seguros, evitando ter de enfrentar suas próprias mágoas e medos. Enquanto isso, têm horror aos "liberais de bom coração" que simpatizam com os feridos e oprimidos. Votar nos liberais compassivos, ainda que isso possa realmente melhorar sua segurança econômica, destruiria todo o senso de identidade em que se apoia sua segurança emocional.

Aqueles de esquerda, por outro lado, em geral se identificam com a criança vitimada, que está à mercê do pai injusto, insensível ou opressivo. Como eles reconhecem e sentem a dor de sua mágoa, são atraídos para uma abordagem baseada na compaixão e na justiça social. Assim, a esquerda defende os direitos dos trabalhadores, incentiva redes de seguridade social que cuidam dos pobres e oprimidos, e propõe uma política externa mais justa e humanitária. (Minha opinião acompanha o modelo de George Lakoff, que apresenta a direita do pai rígido em contraposição à esquerda do pai protetor, mas enfatiza a dimensão psicológica do surgimento desses dois polos a partir de diferentes estratégias para o relacionamento com a mágoa em relação ao amor.)

Entretanto, um grande número de pessoas de esquerda está tão unido à identidade de sua vítima que não consegue confiar no poder ou em ninguém que esteja no poder. Essa é a causa da estranha atitude de progressistas que, muitas vezes, dão um tiro no próprio pé, sabotando qualquer possibilidade de se manterem nas rédeas do poder — por exemplo, recusando-se a modificar seus princípios idealistas a fim de construir uma ampla coalizão que possa governar, por meio da exposição de seu ressentimento com a ordem estabelecida de forma autoindulgente que coloca a maior parte da população contra eles, ou mediante o voto em candidatos de um terceiro partido que não têm chance de vencer, garantindo assim a vitória da direita. O brado de convocação torna-se: "Nós temos sido prejudicados e não vamos ficar do seu lado.".

Assim, a esquerda e a direita representam maneiras opostas de lidar com a mesma mágoa: não se sentem amados, cuidados ou respeitados. Seu antagonismo mútuo e a ausência de diálogo se desenvolvem a partir da ameaça vital que eles representam uns para os outros. A direita, representando o pai autoritário e punitivo, aterroriza a esquerda, que permanece em guarda contra o fascismo dissimulado e as incursões do estado policial nos direitos civis. A permissividade da esquerda, por sua vez, aterroriza a direita, que permanece em guarda contra a erosão de princípios morais rígidos, a falta de patriotismo e a transigência diante do crime – aspectos que ameaçam destruir a postura do pai forte que proporciona sua sensação de segurança.

25 *"Amar é espalhar luz" [...]*. BAER, Ulrich (Ed.). *The Poet's Guide to Life: The Wisdom of Rilke*. New York: The Modern Library, 2005.

Prólogo

33 *As crianças, enquanto crescem, estão protegidas dentro de um ambiente familiar.* No nível mais profundo, a existência humana é protegida, apoiada e possibilitada pela maneira fundamental como a realidade funciona, pelos princípios básicos conhecidos no Ocidente como Lei Divina e, no Oriente, como o Caminho ou o Dharma (que literalmente significa "aquilo que acolhe"). Em uma cultura como a nossa, que não mais reconhece ou entende a ordem natural e sagrada das coisas, torna-se mais difícil e raro para as famílias proporcionar um ambiente acolhedor equilibrado, que promova sanidade, confiança e saúde.

34 *Quando os pais proporcionam bastante contato e espaço [...]*. Muito frequentemente, a vida familiar moderna não proporciona às crianças o tipo de contato ou espaço de que elas necessitam para seu desen-

volvimento. A creche, o uso da televisão e de computadores como dispositivos para cuidar das crianças, os casamentos instáveis, os negócios e o estresse, tudo opera contra a necessidade fundamental de um vínculo seguro entre o bebê e a mãe.

Ao mesmo tempo, a tendência crescente dos pais de manterem seus filhos atarefados, ocupados e entretidos age contra a necessidade da criança de dedicar um tempo a situações não estruturadas. Greenberg e Mitchell descrevem o ponto de vista de Winnicott sobre essa necessidade de espaço:

> A presença não exigente da mãe possibilita a experiência do indeterminado e da solidão confortável, e essa capacidade torna-se um aspecto fundamental no desenvolvimento de um eu estável e particular [...] Isso possibilita ao bebê experimentar [...] um estado de "continuar a ser" do qual [...] emergem gestos espontâneos (GREENBERG, Jay R.; MITCHELL, Stephen A. *Object Relations in Psychoanalytic Theory*. [S.l.]: Harvard University Press, 1983. p. 193.).

A interrupção da "experiência do indeterminado e da solidão confortável" – que Winnicott chamou de *intrusão* (*impingement*) – obriga as crianças a se separarem abruptamente da continuidade de seu "continuar a ser". A criança é então

> arrancada de seu estado de tranquilidade e obrigada a reagir [...] e a se moldar ao que lhe é proporcionado. A principal consequência da intrusão prolongada é a fragmentação da experiência do bebê. Desnecessariamente, ele se torna prematuro e compulsivamente sintonizado com as declarações dos outros [...]. Ele perde o contato com suas próprias necessidades e gestos espontâneos [...] [e desenvolve] um falso eu em uma base complacente (Ibid.).

Capítulo 1: Amor Perfeito, Relacionamentos Imperfeitos

38 *Como o irmão David Steindl-Rast descreve [...].* STEINDL-RAST, David. *Gratefulness: The Heart of Prayer*. Ramsey, N.J.: Paulist Press, 1984.

44 *Como descreve um mestre indiano, Swami Prajnanpad [...].* Swami Prajnanpad era um mestre Advaita Vedanta incomum e interessante que leu Freud na década de 1920 e desenvolveu uma versão própria da

psicoterapia para seus alunos. Ele não é muito conhecido no Ocidente, com exceção da França. Teve um pequeno *ashram* (uma comunidade espiritual) em Bengali e morreu em 1974. Suas citações neste livro vêm de cartas e transcrições de conversas que ele teve com seus alunos franceses. Embora seu trabalho não esteja disponível em inglês, a Hohm Press (Prescott, Arizona) está preparando um livro sobre seus ensinamentos, sob autoria de um de seus principais alunos franceses.

44 *"Esta é a proclamada miséria de nosso destino [...]"*. BUBER, Martin. *I and Thou*. New York: Scribners, 1958. p. 16-17.*

47-48 *Mas isso também dá origem a uma das mais fundamentais de todas as ilusões humanas: a de que a fonte da felicidade e do bem-estar está fora de nós [...]*. Não estou de modo algum sugerindo que o amor humano relativo seja dispensável ou defendendo que devamos transcender nossa necessidade dele. Ao contrário, em outros livros declaro que os desafios do relacionamento humano proporcionam importantes degraus para o desenvolvimento pessoal e espiritual. Também tenho argumentado contra a noção, comum em certos círculos, da prática espiritual como uma maneira de transcender o envolvimento no jogo relacional da dualidade, do Eu e do Tu. (Ver WELWOOD, John. "Double Vision: Duality and Nonduality in Human Experience". *In:* PRENDERGAST, John; FENNER, Peter; KRYSTAL, Sheila (Eds.) *The Sacred Mirror*. St. Paul, Minn.: Paragon House, 2003.) A tentativa de usar ideias e práticas espirituais para evitar lidar com questões emocionais não respondidas – sobretudo nossa mágoa em torno do amor – em geral tem desastrosas consequências, especialmente no Ocidente, e frequentemente conduz ao desequilíbrio psicológico e ao comportamento destrutivo. Meu termo para esse tipo de dissociação e negação é *desvio espiritual*.

Com frequência lidamos com nossa desconexão em relação ao amor por meio de um destes dois extremos: negação emocional – tentativa de ir além de nossa mágoa mediante realização terrena ou transcendência espiritual (escolha masculina bastante comum) – ou fixação emocional – tornando-se eternamente preocupado com o relacionamento, considerando-o a fonte de toda felicidade (escolha conheci-

---

* Ed. bras. *Eu e tu*. São Paulo: Centauro, 2008. (NE)

damente feminina). Neste livro, proponho um caminho intermediário entre esses dois extremos – por meio da apreciação da importância relativa do amor pessoal, mas ao mesmo tempo reconhecendo que ele jamais pode contribuir para a tranquilidade e a satisfação absolutas. Não pode haver dúvida de que os relacionamentos saudáveis contribuem para a felicidade humana. Mas essa felicidade origina-se fundamentalmente da capacidade de nos conectarmos com o que é mais real e verdadeiro dentro de nós – algo que pode ser alcançado com a ajuda de um relacionamento amoroso.

55   *George Orwell certa vez escreveu [...]*. ORWELL, George. "Reflections on Ghandi". In: _____. *Shooting an Elephant*. New York: Harcourt, 1984.

55   *Fazer o amor absoluto tomar forma humana [...]*. Bernard Phillips, um dos primeiros participantes do diálogo Oriente-Ocidente na década de 1960, certa vez escreveu que "todo ser humano com quem ele busca se relacionar é um *koan*, ou seja, uma impossibilidade". Os *koans* são enigmas que os alunos de zen-budismo precisam resolver, como se fossem passos ao longo de seu desenvolvimento espiritual. Mas esses enigmas não podem ser resolvidos com a mente conceitual. A única resposta verdadeira vem de um conhecimento intuitivo mais amplo, que está além do pensamento comum. Não obstante, o estudante zen não pode evitar tentar pensar na resposta. Ele leva essas respostas conceituais para o mestre repetidas vezes, embora esse rejeite rispidamente tais estratagemas. Finalmente, o aluno fica tão frustrado que sua mente desiste. Então, algo mais puro pode permear o estudante, originando-se de fora dele.

Assim, quando Bernard Phillips diz que todo ser humano é uma impossibilidade, como um *koan*, ele também está sugerindo que o amor autêntico surge de um local insondável dentro de nós, onde somos capazes de relaxar e nos soltar, livres da interferência da mente. Ele prossegue, dizendo:

> Não há fórmula para se relacionar com um ser humano. Nenhuma técnica vai levar à conexão. Eu sou alguém com quem é impossível se relacionar; assim como cada um de vocês; é impossível lidar com seus amigos; é impossível haver harmonia entre nós e os membros de nossas famílias. Como, então, iremos nos

relacionar com eles? Uma maneira é tentar usar a psicologia para contornar as dificuldades que eles impõem. Isso pode remover as dificuldades imediatas, mas não forjará um relacionamento. Nesse contexto, fazemos bem em estar atentos à possibilidade sempre presente de conquistar o mundo todo por meio da técnica, mas perder, com isso, nossas almas, ou seja, nossa conexão com a realidade.

Se você está buscando um encontro real, deve enfrentar o *koan* representado pela outra pessoa. O *koan* é um convite para entrar na realidade.

55 *Em seu livro Works of Love [...]*. KIERKEGAARD, Søren. *Works of Love*. Princeton: Princeton University Press, 1995.*

57 *pois, como escreveu o grande poeta sufi Rumi [...]*. Extraído do poema de Rumi "Zero Circle", traduzido por Coleman Barks.

Capítulo 2: O Clima de Ressentimento

60 *Se o amor pode existir sem o ódio [...]*. Pesquisas em neuropsicologia que mostram uma correlação entre o vínculo materno deficiente e o comportamento agressivo inapropriado também corroboram essa visão. Ver LEWIS; AMINI; LANNON, op. cit., p. 208-9.

Capítulo 3: Renunciando ao Ressentimento

89 *Visto que é fácil lembrar apenas os momentos nos quais achamos que nossa mãe nos magoou [...]*. Essa reflexão é um resumo de uma versão muito mais longa que aparece em GYATSO, Kelsang. *Joyful Path of Good Fortune*. Cumbria, England: Tharpa Publications, 2000. p. 403-6.**

Capítulo 4: Do Auto-ódio ao Autoamor

94 *Essa noção de bondade natural [...]*. Extraí o termo *bondade natural* dos ensinamentos do mestre tibetano Chögyam Trungpa Rinpoche. Essa foi sua tradução de um termo tibetano que se refere à pureza e à dignidade inerentes ao nosso ser, assim como à maravilha e ao

---

* Ed. bras. *As obras do amor*. Petrópolis: Vozes, 2007. (NE)
** Ed. bras. *Caminho alegre para a boa fortuna*. São Paulo: Tharpa Brasil, 2005. (NE)

encanto intrínsecos à realidade quando essa é vista com clareza. Ver TRUNGPA, Chögyam. *Shambhala: The Sacred Path of the Warrior*. Boston: Shambala Publications, 1983.*

98 *Se Stalin, Hitler ou Osama bin Laden [...]*. Em seus livros *For Your Own Good* e *Paths of Life*, Alice Miller pesquisou o papel exercido pela ausência de amor e pela mágoa herdadas da infância no desenvolvimento de tiranos cruéis. Seguem algumas citações relevantes de uma de suas conferências ("The Childhood Trauma", proferida na cidade de Nova York, em 1998):

Posso certamente afirmar que nunca deparei com perseguidores que não tivessem sido eles próprios vítimas em sua infância, embora a maior parte deles desconhecesse isso porque seus sentimentos foram reprimidos. Quanto menos esses criminosos sabem sobre si mesmos, mais perigosos eles são para a sociedade. Então, acho fundamental captar a diferença entre a declaração "toda vítima se torna um perseguidor", que é errada, e a declaração "todo perseguidor foi uma vítima em sua infância", que considero verdadeira.

Para Alois Hitler [pai de Hitler], a suspeita de que pudesse ser de descendência judia [é provável que a avó de Hitler tenha sido engravidada por um patrão judeu] lhe era insuportável no contexto do ambiente antijudaico em que ele foi criado [...]. A única coisa que ele podia fazer sem ser punido era descarregar essa raiva sobre seu filho Adolf. Segundo relatos da irmã de Adolf [...] Alois espancava cruelmente seu filho todos os dias. Em uma tentativa de exorcizar seus medos herdados da infância, o filho nutriu a ilusão maníaca de que cabia a ele libertar não apenas a si próprio do sangue judeu, mas também toda a Alemanha, e mais tarde o mundo inteiro [...].

Mao foi regularmente açoitado por seu pai e mais tarde condenou 30 milhões de pessoas à morte, mas ele dificilmente admitiu algum dia toda a extensão da raiva que devia ter sentido de seu próprio pai, um professor muito severo que tentou, por meio de espancamentos, "fazer de seu filho um homem". Stalin provocou o sofrimento e a morte de milhões de pessoas porque, mesmo no auge de seu domínio, suas ações eram determinadas pelo medo inconsciente e infantil da ausência de poder. Aparentemente, seu pai, um sapateiro pobre da Geórgia, tentava afogar sua frustração na bebida e chicoteava o filho quase

---

* Ed. bras. *Shambala: a trilha sagrada do guerreiro*. São Paulo: Cultrix, 1996.

todos os dias. Sua mãe exibia traços psicóticos, era completamente incapaz de defender o filho e normalmente estava fora de casa [...] Stalin idealizou os pais até o fim de sua vida e era constantemente assombrado pelo medo de ameaças, perigos que havia muito já tinham cessado de existir, mas ainda estavam presentes em sua mente perturbada. Seu medo não cedeu nem mesmo depois de ele ter sido amado e admirado por milhões de pessoas.

Podemos ver aqui o clima de desamor em ação.

105   *Como escreveu o líder espiritual alemão Rudi [...].* RUDRANANDA. *Entering Infinity.* Portland, Ore.: Rudra Press, 1994. p. 23.

110   *De acordo com Buber [...].* BUBER, Martin. *The Way of Man According to the Teaching of Hasidism.* Seacacus, N.J.: [s.n.], 1950. p. 16-7.*

Capítulo 5: Desejo Sagrado

119   *tão somente desejar algo ou dele necessitar.* O desejo e a necessidade são primos próximos. A necessidade é uma forma bruta e mais intensa de desejo.

123   *Nas palavras do mestre indiano Nisargadatta [...].* MAHARAJ, op. cit.

124   *Nosso anseio por mais não surge apenas daquilo que é infinito dentro de nós [...].* Kierkegaard chamou isso de "paixão infinita" ou "paixão pelo infinito".

125   *O líder indiano Sri Poonja [...].* GODMAN, David (Ed.). *Papaji.* Boulder, Colo.: Avadhuta Foundation, 1993. p. 72.

127   *É uma experiência [...] à qual Rumi chama "taça secreta" [...].* Do poema de Rumi "Love Dogs", traduzido por Coleman Barks.

Capítulo 6: O Amor que o Liberta

138   *Toda essa questão de necessitar de outras pessoas é confusa e enganosa.* Alguns mestres espirituais dizem que as necessidades emocionais são

---

* Uma tradução brasileira pode ser encontrada em RÖHR, F. *O caminho do homem segundo a doutrina hassídica*: uma contribuição à educação espiritual. In: 24ª Reunião Anual da Associação Nacional de Pós-Graduação e Pesquisa em Educação, 2001, Caxambu. (NE)

uma ilusão – porque tudo de que realmente necessitamos para nosso bem-estar e equilíbrio está contido dentro de nós, em nossa essência mais profunda. A maioria dos psicoterapeutas, por outro lado, diria que não podemos ajudar as pessoas necessitadas, e que tentar transcender a necessidade é uma forma de negação ou repressão que diminui nossa vitalidade e humanidade.

Essas duas visões contêm um núcleo de verdade. Cada um de nós é mais ou menos dependente dos outros, conforme nosso grau de maturidade e desenvolvimento interior. Em uma extremidade do *continuum* do desenvolvimento, o bebê depende de outras pessoas para tudo. Na outra extremidade desse *continuum* estão os sábios esclarecidos, que se tornaram totalmente livres da dependência emocional dos outros porque descobriram como viver integrados com a fonte de tudo. Entre essas duas extremidades do espectro do desenvolvimento, a maioria de nós continua a ter alguma dependência e necessidade emocional de ternura e conexão humanas, embora a extensão disso possa progredir no decorrer da vida. Por essa razão, o princípio operativo parece ser: "Você necessita das pessoas até que pare de necessitar delas.".

138   *o simples fato de sermos criados a partir do amor absoluto não significa que possamos incorporá-lo [...].* A humanidade descobriu a realidade do esclarecimento e do despertar espiritual há milhares de anos. Essa foi uma descoberta fantástica. Não obstante, todas as grandes conquistas na área da realização espiritual, por mais maravilhosas que sejam, dificilmente começaram a transformar a qualidade geral dos relacionamentos humanos neste planeta, relacionamentos esses que ainda são direcionados pelas motivações e emoções mais sombrias.

A dura verdade é que, em geral, as experiências de despertar espiritual não curam nossa ferida profunda relativa ao amor, ou logo se transformam em mera comunicação hábil ou sintonia interpessoal. Por isso, muitos devotos espirituais – tanto mestres quanto discípulos – ou renunciam totalmente aos relacionamentos íntimos ou acabam tendo as mesmas dificuldades e os mesmos problemas relacionais que todo mundo tem.

Swami Prajnanpad reconheceu a discrepância entre a prática espiritual das pessoas e a capacidade de incorporá-la em seus relacionamentos ao dizer aos estudantes que queriam estudar com ele para "trazerem uma autorização da esposa". Ele considerava o casamento uma prova determinante e particularmente poderosa do desenvolvimento de uma pessoa, porque nele a pessoa está "totalmente exposta [...]. Todas as suas peculiaridades, todas as suas ditas *fraquezas* estão ali desnudadas. Por isso, ele é o campo de teste.". Na prática espiritual solitária, o aprendiz espiritual "pode alcançar a perfeição e sentir: 'Estou tranquilo, posso sentir a unidade.'" Mas, no casamento, "tudo se mistura". Os adeptos da ioga descobrem que sua chamada *realização* "estava apenas no nível superficial. Ela não havia penetrado muito fundo; apenas parecia ter penetrado. A menos que você seja testado no campo onde está totalmente exposto, todas essas realizações externas são falsas."

Assim, a impressão que se tem é que o desenvolvimento humano completo implica dois tipos principais de amadurecimento: o *despertar*, que envolve descobrir e entender a própria natureza verdadeira, absoluta e essencial; e a *individuação*, que envolve se tornar uma pessoa verdadeira, alguém capaz de estabelecer contato genuíno, transparência pessoal e intimidade com os outros. Como a abertura para o amor absoluto nos permite reconhecer nossa natureza essencial *como* amor, ela é parte do caminho do despertar. Trabalhar no desenvolvimento de relacionamentos conscientes é parte do caminho da individuação, pois esse é o meio para se tornar uma pessoa verdadeira – alguém que pode incorporar o amor de uma maneira íntima, pessoal.

145   *Pois, como nos aponta o mestre indiano Sri Poonja [...].* POONJA, H. W. L. *The Truth Is*. San Anselmo, Calif.: VidyaSagar Publications, 1995. p. 287.

147   *"Você deve se apaixonar por aquele que está dentro de seu coração" [...].* Ibid., p. 293.

GRÁFICA PAYM
Tel. (011) 4392-3344
paym@terra.com.br